Ym Mrig
Y Morwydd

Alwen Mari Clifton

www.awenau.co.uk

ⓗ Cyhoeddiadau'r Gair 2008
Cyhoeddiadau'r Gair
Aelybryn,
Chwilog,
Pwllheli,
Gwynedd LL53 6SH

Testun: Alwen Mari Clifton
Darluniau: John Wells, *Papillion Illustrations*
Golygydd Cyffredinol: Aled Davies
Cysodi: Ynyr Roberts

ISBN 1 85994 559 7

Argraffwyd yng Nghymru

Yna, pan glywi sŵn cerdded ym mrig y morwydd,
dos yn dy flaen...

2 Samuel 5 adn 24

Cynnwys

Yr Hen Destament

Y Testament Newydd

Gobaith yr Efengyl

Rhagair i'r Llyfr

Dwy gyfrol mewn un a geir yma.

Mae'r gyntaf yn canolbwyntio ar y Nadolig ac yn annog y darllenydd i edrych tu draw i'r traddodiadau sydd ynghlwm â'r ŵyl. Mae'r ail, sy'n rhannu ei theitl gyda'r llyfr, yn gasgliad o ddefosiynau ar gyfer y Grawys a'r Pasg.

Ceir detholiad o gerddi, myfyrdodau, nodiadau defosiynol ac ymsonau yn y ddwy gyfrol, ynghyd â darluniau trawiadol gan John Wells.

Hoffai'r awdur ddiolch i bawb a roddodd gymorth ymarferol ac academaidd wrth iddi greu'r ddwy gyfrol: i'r rheiny a fu'n gweddïo, ac sy'n dal i wneud, ac am yr anogaeth ddiddiwedd y mae wedi ei dderbyn.

Am y Clawr

Mae'r Morwydd neu'r binwydd bêr/falmaidd yn tyfu'n naturiol ym Mhalesteina a cheir sawl cyfeiriad ati yn y Beibl. Y mae hefyd yn brototeip o Goeden Nadolig.

Mae gan y balmwydd gonau sy'n tyfu ar i fyny. Rhain sy'n dwyn yr had, sy'n sicrhau bywyd a gwir ddyfodol y goeden. Mae'r conau hefyd yn union yr un siap â'r eiconau o 'Grist Pantocrator' ac felly maent yn berffaith ar gyfer amgau delweddau crefyddol. Mae'r delweddau a geir ar y clawr wedi eu seilio ar batrwm eiconau yr Eglwys Uniongred yn Rwsia.

Mae'r cyfansoddiad wedi ei rannu'n ddau. Ceir delwedd o'r Geni ar y dde a'r Pasg ar y chwith. Wrth feddwl am yr hyn a ddigwyddodd yng ngardd Eden sylweddolwn fod y broffwydoliaeth ynglŷn â'r Ymgnawdoliad wedi dod ar ôl y sylweddoliad y byddai angen i ddynoliaeth gael ei hachub rhag canlyniadau pechod.

John Wells
Cyf. Mari Clifton

Tu Draw i'r Traddodiadau

Rhagarweiniad - Tu Draw i'r Traddodiadau

Traddodiadau. Chwedlau neu hanes? Beth bynnag fo'u gwreiddiau mae nifer ohonynt yn rhan gyfannol o'n bywyd. Eto nid ydym bob amser yn barod i ganfod eu tarddiad ac i'w hastudio'n rhy fanwl - efallai rhag ofn i'r elfen hudol ddiflannu.

Mae gan y calendr Cristnogol amryw o draddodiadau ynghlwm â hi, yn enwedig cyfnod yr adfent a'r Nadolig. Beth ddaw i'ch meddwl pan feddyliwch am y Nadolig? - Siôn Corn, coeden Nadolig, anrhegion, dathlu, gwasanaeth y plant, Mair a Joseff, bugeiliaid ac angylion, siopa dibendraw, coginio, ymwelwyr, partïon?

Mae'n wir fod cysur i'w gael ynddynt, yn enwedig os ydynt yn rhan anatod o'n hatgofion a phlentyndod. Ond efallai i rai pobl atgofion poenus a thrallodus ddaw i'r côf wrth feddwl am y Nadolig.

A wnewch chi fentro gyda mi i edrych tu draw i'n traddodiadau a'n delweddau cyffredin o'r Nadolig? Efallai na fydd hi bob amser yn siwrnai hawdd, ond gweddiaf y gwnaiff Duw ein harwain i ddysgu mwy am wir ystyr y Nadolig.

Pob Bendith a Nadolig Llawen!

Y Geiriau Llai Cyfarwydd

Mor adnabyddus ydi carolau. Yn aml dim ond clywed y linell gyntaf sydd ei angen i fedru cofio'r dôn ac i'r gweddill lithro dros y wefus.

'Ganol Gaeaf Noethlwm'

'O deuwch, ffyddloniaid'

'Suai'r gwynt, suai'r gwynt'

Mae'n anodd darllen y geiriau heb ddechrau canu! Ond a ddaw y garol neu'r dôn i'r meddwl wrth ddarllen y geiriau yma?

A deimli di heddiw fod rhyfedd wyrth
Yn datod y cloeon, yn agor pyrth?[1]

'Metha nef a daear gynnwys ein Duw;
ciliant hwy a darfod pan fydd ef yn llyw'[2]

'dygwn roddion: serch y galon'[3]

'i gymryd ein natur a'n dyled a'n dolur'[4]

Mae'n siŵr fod canu carolau yn dod ag atgofion plentyndod yn ôl i'r rhan fwyaf ohonom. Efallai mai cysur traddodiad ydynt erbyn hyn. Ond ydych chi erioed wedi ystyried gwir ystyr y geiriau?

Tro nesaf y clywch chi garol ceisiwch wrando ar y geiriau llai cyfarwydd. Y mae Duw am i ni gyd ddeall Ei neges, ac mae i'w glywed yn ein carolau traddodiadol.

11

Nid oedd un lle...

'Draw yn nhawelwch Bethlem dref
Daeth baban bach yn Geidwad byd'[5]

Miri
Asbri
Twrci

Addurniadau
Carolau
Cardiau

'doethion a ddaeth i'w weled ef
a chanodd angylion uwch ei grud'

Lletygarwch
Diddanwch
Rhialtwch

Ciniawa
Siopa
Gloddesta

'llety'r anifail a gafodd ef
am nad oedd i'r baban lety clyd'

Anrhegion
Partion

Dyledion

Moethusrwydd

Unigrwydd
Anniddigrwydd

'Draw yn nhawelwch Bethlem dref
nid oedd un lle i Geidwad byd'

Myfyrdod

Diflastod
Gwacter

Anghyfiawnder
Blinder
Crefyddolder

Heddiw yn helbul byd heb hedd
Nid oes un lle i Geidwad byd.

Ydi Duw ar ein Rhestr?

Mae rhoi a derbyn anrhegion yn chwarae rhan fawr yn ein dathliadau Nadolig heddiw, ac mae'n ddigon tebyg fod y traddodiad o roi anrhegion wedi dechrau gyda'r doethion. Mae'n siŵr fod gennym ni gyd restr ddibendraw o bobl sy'n rhaid prynu anrhegion ar eu cyfer. Ac yn rhoi digon o awgrymiadau am beth hoffwn ni dderbyn hefyd!

Ond ydi Duw ar ein rhestr?

Cwestiwn od efallai, ac eto, y rheswm y cawn ni wyliau a dathliadau Nadolig, ydi am iddo Ef anfon ei unig Fab, Iesu Grist, yn anrheg amhrisiadwy i ddynol ryw. Ond ydi O'n disgwyl anrheg gennym ni?

Yn yr Hen Destament fe ddarllenwn am yr Israeliaid yn cymryd deg y cant o'u cnwd a sawl offrwm arall i'r Deml i'w rhoi i Dduw, fel y gorchmynwyd hwy ganddo Ef. Yr oedd sawl un hefyd yn rhoi offrymiadau yn wirfoddol. Yn wir, drwy'r Beibl y mae Duw yn annog Ei bobl i roi iddo Ef drwy roi i'r tlawd ac eraill mewn angen, ac i gefnogi gwaith cenhadol. Hyd heddiw mae sawl Cristion yn rhoi yn ariannol i Dduw drwy eglwysi ac elusennau, ac amryw yn rhoi eu hamser a'u doniau i'r sefydliadau hyn hefyd. Drwy roi o'n meddiannau a'n hamser fel hyn, a ydym yn rhoi i Dduw yr anrheg y mae'n obeithio ei dderbyn? I raddau, ydym. Fel dywed Paul yn ei lythyr i'r Corinthiaid:

"...os ydych yn eiddgar i roi, y mae hynny'n dderbyniol gan Dduw"
(2 Cor 8 adn 12).

Y mae hefyd yn pwysleisio ein hagwedd tuag at roi:
"Rhaid i bawb roi o wirfodd ei galon, nid o anfodd neu o raid, oherwydd rhoddwr llawen y mae Duw'n ei garu" (2 Cor 9 adn 7). Yn ei lythyr i Timotheus wedyn, y mae'n ein hannog:

"...i wneud daioni, i fod yn gyfoethog mewn gweithredoedd da,
i fod yn hael ac yn barod i rannu."
(1 Timotheus 6 adn 18)

Eto, does dim angen bod yn Gristion i roi i'r tlawd ac i elusennau, ac i wneud hynny yn hael a bodlon. Mewn gwirionedd fe allwn roi ein harian a'n hamser heb feddwl eilwaith am Dduw. Yn wir, efallai fod rhoi deg y cant o'n harian bob mis wedi troi yn ddyletswydd erbyn hyn. Neu, efallai ein bod yn ddigon bodlon a hapus i roi, ond yn teimlo wedyn ein bod wedi gwneud ein rhan. Er enghraifft drwy roi arian tuag at elusen genhadol, efallai y teimlwn nad oes angen i ninnau genhadu hefyd?!

Ai dyna y mae Duw yn ei obeithio? Mae'n wir, os ydym yn rhoi, o wirfodd ein calonnau, yr ydym yn rhoddi anrhegion derbyniol i Dduw. Ond, oes mwy i'w roi na hyn? Oes unrhywbeth a fedrwn ni roi i Dduw- Duw y bydysawd sydd wedi rhoi i ni Ei Fab? Mewn rhai ffyrdd gallwn feddwl nad oes pwynt ceisio rhoi dim Iddo. Wedi'r cwbl, sut fedrwn ni roi anrheg i greawdwr pob dim? Ond mae'r Beibl yn sôn am roddi rhywbeth arall i Dduw.

"Am hynny, yr wyf yn ymbil arnoch, gyfeillion, ar sail tosturiaethau Duw, i'ch offrymu eich hunain yn aberth byw, sanctaidd a derbyniol gan Dduw. Felly y rhowch iddo addoliad ysbrydol" (Rhufeiniad 12 adn 1). Dyma wir obaith Duw. Nid ein bod yn rhoi o'n heiddo a'n harian a'n hamser, ond ein bod yn rhoi ein hunain iddo Ef.

Mae sawl emyn yn sôn am y math hwn o offrwm, ac efallai yr emyn enwocaf ydi honno gan Issac Watts. Mae cyfieithiad ar gael gan William Williams, ond credaf fod y geiriau gwreiddiol yn rhoi'r darlun gorau i ni o'r unig anrheg fyddai wrth fodd Duw:

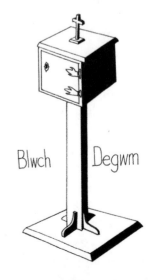

'Were the whole realm of nature mine
That were an offering far too small
Love so amazing, so divine,
Demands my soul, my life, my all.'[6]

Blwch Degwm

Rhodd o Fywyd yn ei Gyflawnder

Y mae Duw wedi anfon ac yn addo rhoddion i bawb sy'n credu ynddo Ef. Mewn gwirionedd mae modd mwynhau llawer ohonynt heb fod angen meddwl eilwaith am Dduw – Y Ddaear a natur, iechyd, a hapusrwydd. Ond fe ddywed Iesu bod mwy ar gael:
" Yr wyf fi wedi dod er mwyn i ddynion gael bywyd, a'i gael yn ei holl gyflawnder" (Ioan 10:10).

Tybed beth y mae Iesu yn ei feddwl wrth fywyd yn 'ei holl gyflawnder', ac oes angen i ni wneud neu roi rhywbeth yn ôl i fedru mwynhau y math yma o fywyd?

Mae'n debyg fod llawer yn meddwl nad oes modd cael dim byd am ddim y dyddiau yma. Efallai mai'r pris a ddaw i'r meddwl wrth ystyried geiriau Iesu ydi fod yn rhaid addo i ddilyn bywyd crefyddol, llawn rheolau. Ond ai dyna y mae Duw yn ei ofyn? Ai dyma wir natur Duw?

Yn yr Hen Destament fe geir llawer adnod yn rhoi canllawiau ar sut i fyw. Yn wir mae sawl pennod yn ymdrin yn llwyr gyda glanhau! Ond nid rhoi rheolau a chanllawiau er mwyn gwneud bywyd yn anodd oedd Duw. Yn hytrach, ceisio arbed ei bobl rhag heintiau a salwch ydoedd, yn enwedig tra'r oeddynt yn byw yn yr anialwch. Mor hawdd fyddai i haint ledaenu drwy'r gwersyll, yn enwedig yn nhymheredd yr anialwch.

Yn yr un ffordd, rhoddodd i ni y Deg Gorchymyn. Mae'n ddiddorol meddwl fod moesau llawer o bobl, a hyd yn oed sawl system gyfreithiol yn y byd, yn efelychu rhai o'r gorchmynion. Mae'n debyg felly fod y rhan fwyaf ohonom yn derbyn eu bod yn ganllawiau digon derbyniol i'w dilyn.

Yn y Testament Newydd fe gawn fwy o ganllawiau. Wrth edrych arnynt yn frysiog fe allant edrych fel rhestr ddi-ddiwedd o reolau amhosib eu cadw. Ond unwaith eto, er ein lles ni y mae Duw wedi eu rhoi i ni.

Ond ai dyma ystyr bywyd yn ei gyflawnder?

Mae'n wir y byddai bywyd ar y ddaear yn llawer mwy heddychlon a sefydlog petai dynol ryw yn dilyn canllawiau Duw – yn union fel yr oedd bywyd yr Israeliaid a'u brenhinoedd pan oeddent yn ufudd i Dduw. Ond nid dyna'r cyfan. Y mae Duw yn cynnig bywyd lle gallwn fod mewn perthynas ag Ef, ie, hyd yn oed yma ar y ddaear. Bywyd llawn gobaith, a sicrwydd, a heddwch sydd y tu hwnt i unrhywbeth y gall neb na dim ei gynnig i ni. Os hoffech chi wybod mwy am yr anrheg hwn, darllenwch 'Wedi'r Nadolig' ar dudalen 43, ac wrth i ni roi a derbyn anrhegion y Nadolig hwn, gadewch i ni gofio am yr anrheg y mae Duw am ei roi i ni.

Barf Wen

Ydy ein gweddïau ni weithiau yn fwy tebyg i lythyr at Siôn Corn? Rhestr faith o geisiadau efallai ac ambell un yn cynnwys ymddiheuriad – neu yn hytrach gyfiawnhad am ein hymddygiad! Sawl un yn cynnwys cŵyn. Eraill yn gofyn pam?

Un neu ddwy yn dweud diolch.

Tybed ydi Duw, fel Siôn Corn, yn derbyn mwy o sylw dros y Nadolig ac yn cael ei anwybyddu a'i anghofio weddill yr amser? Un arall mewn gwisg adnabyddus a barf wen, sy'n byw'n bell i ffwrdd?!

Nid dyma'r math o Dduw sy'n cael ei ddisgrifio yn y Beibl ac eto dyma un o'r delweddau mwya cyffredin a thraddodiadol ohono. Pam tybed? Ydi mae'n wir fod y Beibl yn dweud sawl gwaith fod Duw am i ni ofyn Iddo mewn gweddi am yr hyn yr ydym ei angen. Ystyriwch Philipiaid 4 adnod 6:

"Peidiwch â phryderu am ddim, ond ym mhob peth gwneler eich dyfeisiadau yn hysbys i Dduw trwy weddi ac ymbil, ynghyd â diolchgarwch." Ond rywsut mae'r portread o'r bwgan a wireddodd bob dymuniad Aladdin a'r ddelwedd o Siôn Corn sy'n siŵr o ddod â phob dim ar ein rhestr o anrhegion, wedi ailffurfio'n delwedd o Dduw. O ganlyniad y mae'n gallu effeithio'r ffordd yr ydym yn nesáu at Dduw.

Yn y Testament Newydd fe welwn Iesu yn dysgu ei ddisgyblion sut i weddïo. Efallai eich bod yn hollol gyfarwydd â Gweddi'r Arglwydd, ond, ydych chi erioed wedi sylwi fod sawl rhan i'r weddi (Matthew 6 adn 9-13):

Moliant:	Ein Tad yn y nefoedd,
	sancteiddier dy enw;
Ewyllys Duw:	deled dy deyrnas;
	gwneler dy ewyllys,
	ar y ddaear fel yn y nef.
Gofynion:	Dyro i ni heddiw ein bara beunyddiol
Edifeirwch:	a maddau inni ein troseddau,
	fel yr ŷm ni wedi maddau i'r rhai
	a droseddodd yn ein herbyn,
Diogelwch:	a phaid â'n dwyn i brawf,
	Ond gwared ni rhag yr Un drwg.

Fe ddylwn ofyn i Dduw am yr hyn yr ydym ei angen ac am yr hyn yr hoffwn ei gael hefyd. Mae'n gysur mawr fod Duw yn gwybod ein anghenion a'n gobeithion cyn i ni eu hyngan Iddo a'i fod am i ni siarad ag Ef amdanynt mewn gweddi. Ond nid rhyw fath o Siôn Corn ydi Duw - Ef yw creawdwr y byd. Ef roddodd fywyd i ni. Ef anfonodd Ei unig Fab Iesu Grist i farw drosom - a marw ar groes hefyd, er mwyn ein hachub. Ac felly fel y dysgodd Iesu i'w ddisgyblion, fe ddylai ein gweddïau gynnwys cymaint mwy na rhestr o geisiadau a dyheadau.

Noswyl Nadolig

Mae'n anodd gweld pwy 'di pwy yng nghanol y môr o gotiau a sgarffiau a hetiau. Diar mae'n brysur yma heno...
"O helo Mrs Puw. 'Nes i ddim ych nabod chi fanne... Mr Puw ddim efo chi heno?... O ddim yn dda ie. Bach o annwyd. O diar gobeithio fydd o'n well erbyn 'fory ynte - ar gyfer i ginio Dolig!"
Dim lle i eistedd yn ein rhes arferol. Piti. Dwi'm yn hoffi bod rhy agos at y blaen... na'r cefn i ddweud y gwir – ma'i braidd yn oer yn fanne. A fedra i ddim gweld pawb os dwi'n rhy agos i'r blaen. A wel, fydd raid i'r rhes nesa nôl neud y tro. Piti.
Hetiau busneslyd yn troi. Ryw helo neu ddau yn cario dros y rhesi cadeiriau. Ambell 'sut wyt ti' i'w glywed hefyd, ond dim sôn am ddistawrwydd i glywed yr ateb.
O dwi'n siŵr nad yw'r gadair yma ddim cystal â'r un dwi fel arfer yn ei chael. Braidd yn anghyfforddus. A! wel, fydd o ddim yn wasanaeth hir. Tri chwarter awr ar y mwyaf gobeithio. Dwi angen codi'n fuan fory i roi'r twrci yn y popty.

Mae'r gwellt yn glynu ataf – y chwys yn ei ddal yn ei le. Mae nghoesau a'm cyhyrau mor boenus ar ôl y daith. Fedra i deimlo symudiad yr asyn o hyd wrth i mi orwedd yma. Mae cyfog yn dal i ddawnsio yn fy mol ac yn fy ngwddf - yn mynd a dod, yn mynd a dod. Roedd y daith yn rhy hir. A rŵan hyn. O sut fedra i fyw drwy hwn? Yn enwedig heno. Pam na cha i un noson o gwsg? Un noson. Un noson heb iddo gicio, heb i mi orfod troi bob dau funud. Un noson o lonyddwch....

...efallai caf i. Efallai nad cyfangiad oedd o wedi'r cwbl, dim ond fy nghorff yn cwffio yn erbyn dyddiau o deithio anghyfforddus. Ac mae'n boeth yma ymysg yr holl anifeiliad – yn dydi??

Cwsg... dyna'r ateb. Cwsg.

Ma' nhw braidd yn hwyr yn dechrau. Gormod o bobl a dim digon o le. A wel, o leia ges i sedd a dwi'n medru gweld y blaen yn iawn. Piti am y sedd ei hun ond dyna fo.

"Croeso i chi gyd yma ar noswyl Nadolig. Mor braf ydi gweld y lle mor llawn. Mae'n ddrwg gen i nad ydi rhai ohonoch yn medru gweld y blaen. Ond ddylai'r meicroffonau newydd eich galluogi i glywed y cyfan. Gadewch i ni ddechrau trwy ganu'r garol enwog "Dawel Nos".

Mae nodau'r organ yn ceisio codi uwchben ymgiprys y cotiau a'r hetiau – a'r gerddoriaeth iasol yn herio'r taflenni papur i ddistewi.

"Dawel Nos, Sanctaidd yw'r nos,
Cwsg a gerdd, waun a rhos,
Eto'n effro mae Joseff a Mair . . ." [7]

Mae'r gwynt wedi codi – fe'i clywaf yn chwarae efo'r drws. Yn ôl ac ymlaen mae'n dawnsio rhwng y slatiau pren sydd wedi hen bydru . . . yn ôl ac ymlaen – yn rheoli fy anadlu. I mewn ac allan, i mewn ac allan . . . Dwi heb gysgu o gwbl. Fe ddaeth cyfangiad arall, ac un arall, ac un arall. Mae fy nagrau yn gymysg â chwys, a'r halen yn llosgi fy llygaid. Ond ddaw dim cysur wrth iddynt rolio i lawr fy ngrudd. O Dduw, gad i'r cyfan fod drosodd! Does gen i ddim nerth. Pam na alla i fod gartre gyda'r gwragedd o'm cwmpas. . . Does neb yma i fy helpu . . .
. . . Dim ond y gwynt, sy'n trio'n galed i reoli fy anadl . . . i mewn ac allan, i mewn ac allan . . ."

Mae na rywbeth gwefreiddiol am ganu noswyl Nadolig. Yr un hen garolau, yr un hen le, ond mae na rywbeth yn wahanol rywsut –mor wahanol i'r canu gorfoleddus ar fore sul y Pasg. Rhyw deimlad fod yr annaearol yn cyffwrdd y daearol.

"Ac yn awr fe gawn ein darlleniadau."

Tybed pwy sydd wedi cael eu dewis i ddarllen? Rhywun sy'n medru gweld wrth olau cannwyll gobeithio! O diar, hen Beti Ogwen. Fyddwn i yma am sbel.....O y sedd ma! Fydd raid i mi gofio dweud wrth rywun fod o angen 'i drwsio.

Y chwys yn oeri fy nghroen. Dwi'n crynu ond yn dal i chwysu. Dwi rhwng dau le. Y ferch fach o Nasareth - yn chwarae, yn helpu mam, ...Y wraig ar fin bod yn fam, mam Iesu, mam Iachawdwr y byd....

Ma' mhen i'n troi - yn union fel pan oeddwn i'n smalio bod yn chwyrligwgan, yn chwyrlio ar hyd strydoedd cefn Nasareth efo'm ffrindiau... O gad i mi gael dychwelyd i'r bywyd hwnnw....

> *"...Pan oeddent yno, cyflawnwyd yr amser iddi esgor,*
> *ac esgorodd ar ei mab cyntafanedig..."*[8]

O, da ni bron ar ddiwedd y darlleniad o'r diwedd...O na, ma'r darn am y bugeiliaid nesaf yn dydi. Wel o leia ma Dafydd Owen am ddarllen y gweddill. Tybed be ydi'r garol nesaf? Dwi ddim isio edrych rhag ofn i rywun feddwl bo fi ddim yn gwrando . . .

. . . Ydi hi'n ddeuddeg o'r gloch tybed? Falle'i bod hi'n ddiwrnod dolig yn barod. Dwi'n teimlo fel merch fach eto yn methu aros i weld be sy dan y goeden!!

. . . Da ni am ganu eto. O dwi'n hoff o hon:

> *"Yn y beudy ganwyd Iesu*
> *heb un gwely ond y gwair . . ."*[9]

Mae'r gwynt yn llesmeiriol. Mae'r holl le mor fudr. Pam fod Duw yn gadael i'w Fab ei hun gael ei eni yn y fath le- a'm gadael i yma hefyd, mor bell o gartref i roi genedigaeth ar wely gwair, ar lawr llychlyd? Does dim synnwyr yn y peth! Ac eto does dim synnwyr i'w weld yn y cyfan. Pam fy newis i o bawb? Does gen i ddim profiad o godi plant. Does gen i fawr o brofiad o ddim. Wnes i ddim gwrando ddigon astud ar mam a'i chwiorydd wrth iddynt geisio fy nysgu sut i gadw tŷ. Ac ar ôl iddi glywed fy mod i'n feichiog – ac yn siŵr o golli Joseff – doedd hi ddim am fy nysgu o gwbl.

"O Dduw, wyt ti'n difaru rhoi'r cyfrifoldeb i mi?"

"Gadewch i ni gymryd ychydig o funudau i fyfyrio ar rodd Duw ac ufudd-dod Mair."

Dwi'm yn hoff o'r 'munudau tawel yma'. Fedra i ddim canolbwyntio . . .

. . . Dwi'n meddwl am roi'r llysiau ymlaen yn barod! O a ma'r sedd ma mor anghyffforddus. Tybed be sy'n bod arno fo? Dwi'n teimlo mod i'n eistedd ar rywbeth, mi roi fy llaw yno i weld gan fod pawb wedi cau eu llygaid – gobeithio!

. . . Be di hwn tybed? Gwellt? Gwellt!?! O lle ddoth hwn? Siawns nad gwellt ydi'r stwffin tu fewn i'r cadeiriau ma . . . er fedra i ddim teimlo rhwyg yn y sedd . . . Gwellt?
A, ma' raid i fod o wedi'i ollwng ar y seddi wrth iddyn nhw gario'r olygfa geni[10] i'r blaen. Fedra i'm credu pa mor anghyffforddus oedd o – a dwi'n gwisgo digon o ddillad hefyd. Mae'n amlwg 'i bod nhw'n defnyddio gwellt newydd bob blwyddyn. Dyna ddiddorol, dwi heb gymryd fawr o sylw o'r olygfa o'r blaen. Er mae o yno ers blynyddoedd. Tybed pa mor debyg i'n golygfa ni oedd y beudy? Hollol wahanol os oedd o rywbeth fel beudy Fferm Ty'n Glo lawr y ffordd. Y gwynt . . . a'r baw . . . Mae'n anodd credu fod Duw wedi gadael i'w fab gael ei eni yn y fath le . . . Na, mae'n siŵr fod y beudy ym Methlem mewn gwell cyflwr na hwnnw . . .
Mae'n rhaid i fod o . . . Yn doedd?

A Mair druan . . . Dwi heb feddwl fawr amdani hi . . . Mae'n edrych mor siriol a dedwydd yn ei gwisg glas a gwyn perffaith yn croesawu'r bugeiliaid. Efallai nad ydw i wedi edrych yn ddigon agos. Heb edrych i'w llygaid. Heb feddwl am ei noson hithau heno.

"O Dduw, ble'r wyt ti?
Pam na fase ti'n medru lleihau fy mhoen a minnau yn rhoi genedigaeth i dy Fab dy hun. Mi wn nad ydw i'n wahanol i Efa. Mi wn fy mod yn bechadur. Ond o Dduw a wnei di leihau fy mhoen?
Dwi mor bell o gartref. Does neb yma i helpu o hyd. Mae Joseff yn trio, ond rhwng dau feddwl ai aros wrth fy ochr heb syniad beth i'w wneud, neu aros tu allan fel mae'r dynion yn ei wneud bob amser.

Gad i'r cyfan orffen . . . O Dduw gad i'r cyfan ddod i ben."

"Gadewch i ni gyd-weddïo."

"O Dduw, helpa ni heddiw i ddeall yr hyn a gyflawnaist ti y noson honno dros ddwy fil o flynyddoedd yn ôl. Wrth i ni ganu am enedigaeth dy Fab Iesu Grist, helpa ni i weld tu draw i'r geiriau a'r gerddoriaeth. Helpa ni hefyd i gofio amdanat ti a'th rodd amhrisiadwy yng nghanol y dathliadau yfory, ac yn ystod y flwyddyn newydd..."

O mae'r boen yn rhwygo drwy fy nghorff. Does dim geiriau. Dim ond sgrech a dagrau. O Dduw, fedra i fyw drwy'r munudau olaf?!? Cynnal fi o Dduw . . .

CYNNAL FI.. O Dduw, O Dduw ....

.... O. Mae o yma. Ei gri Ef a'm cri i yn codi uwchben y brefu ....

.... Mae o yma. O Dduw mae dy Fab yma.

"Gadewch i ni gloi ein gwasanaeth, a hithau yn awr yn fore Dolig, gydag un garol arall.. Pob bendith i chi gyd a'ch teuluoedd a 'Nadolig Llawen!"

"O deued pob Cristion i Fethlem yr awron
i weled mor dirion yw'n Duw;"[11]

Yr un hen garolau, yr un hen le, ond mae 'na rywbeth yn wahanol heno. Dydi'r beudy ddim mor lân rywsut. Mae Mair wedi blino'n llwyr. Mae Iesu'n trio cysgu yn y gwellt. Ond mae 'nghalon i'n dawnsio fel fflam y gannwyll ar y bwrdd cymun. Oes, ma 'na rywbeth annaearol yma heno yng nghanol y baw, a'r cyffredin a'r bydol.

"O ddyfnder rhyfeddod, fe drefnodd y Duwdod
Dragwyddol gyfamod i fyw;"

Mae'r cyfan drosodd...

   ...mae'r cyfan newydd ddechrau.

O Dduw, dwi mor falch, dwi mor ddiolchgar. Ond dwi mor flinedig. A gaf i orffwys rŵan? A gaiff fy maban bychan orffwys? O Dduw, does gen i fawr i'w roi iddo. Dim gwely, dim dillad newydd. Derbynia yr hyn sydd gen i O Dduw. Derbynia yr hyn â rof i a Joseff iddo yn offrwm i ti....

   O fy maban annwyl. Fe hoffwn roi dillad baban newydd i ti, dy rwymo mewn gŵn brenhinol - dyna'r wyt yn ei haeddu. A chrud pren moethus, nid preseb llawn gwellt. Falle gwnaiff Joseff un i ti pan ddychwelwn ni adref. Fy annwyl faban bach. Fe hoffwn i roi'r cyfan i ti...ond rwyt ti yma, er gwaethaf y cwbl....

   "heb le yn y llety, heb aelwyd, heb wely,
   Nadolig fel hynny gath hwn."

APOLES! [12]

Pam fi bob tro? Sgen i ddim clem i lle mae'n diflannu ond fi sy'n gorfod mynd BOB TRO. Wel dyma'r tro olaf. Wn i ddim be sy'n bod arni ond mae'n mynnu diflannu, yn enwedig yng nghanol y nos. Ma Jacob yn meddwl mai ofn y tân mae hi, dafad wirion – da ni ddim am 'i haberthu hi arno fo – er . . . dyna syniad!! Ond, fedrwn ni ddim bugeilio drwy'r nos heb dân, fyddai'r blaeddiaid o gwmpas mewn chwinciad, a fyddwn ni gyd yn oer! O lle'r wyt ti Apoles? Mae'n oer a dwi di blino . . .

Wel dwi di edrych ym mhob man, a does dim sôn amdani. Dydi byth wedi crwydro tua'r dref . . ! Mmm ma'r golau melynwyn, cartrefol yn edrych mor groesawgar heno. Dwi'n hoff o fugeilio ond dwi'n colli'r nosweithiau cysurus a bod yng ngwmni pobl sy'n siarad am bethe ar wahân i ddefaid! Ie fydde noson neu dri heb Jacob a'r lleill, a noson heb ddefaid, yn braf. Mmm efallai af i lawr i'r dref i ddianc hefyd. Falle bod gan Apoles fwy o synnwyr na'r rhan fwyaf o ddefaid! . . . Dyna fydde stori. "Dafad wedi'i denu i fywyd yn y ddinas!"

O na, mae na ôl-traed blaidd yma. Falle'i bod hi wedi crwydro'n rhy bell tro yma. Mae hi wedi llwyddo i fyw drwy un antur ar ôl y llall . . . ai hon oedd ei holaf? Be ddylwn i neud? Mynd yn ôl at y lleill? Er, os ydi hi yma a heb i brifo, fydd blaidd yn siŵr o'i dal hi cyn hir . . . Ie . . . fe edrycha i am chydig hirach..

"Apoles . . . "

"Apoles"

"Sut ar wyneb daear? Apoles? . . . Be wyt ti'n i neud yma, ar gyrion y dref? Be sy? . . . Does na ddim porfa fanno. Dafad wirion!"

Wel Apoles, antur arall sydd wedi para drwy'r nos - edrych, mae'n dechrau goleuo'n barod – er do'n i'm yn meddwl mod i di bod yn chwilio cyhyd. Wel noson *arall* heb gwsg i ti a fi. O leia dwyt ti heb dy frifo. Er well i mi dy gario di, neu fyddi di wedi'n harwain ar ryw antur arall dwi'n siŵr . . . "

"Be sy? Wyt ti'n synhwyro rhywbeth? Nid blaidd gobeithio. Wsti be, ma'r wawr yn edrych yn whanol heddiw. Falle bod storm ar y ffordd.

Well i ni frysio nôl at y lleill". Does 'na fawr o loches yma, ac mae'n siŵr y gwnaiff hon ddianc eto os fydd na storm.

"Ti'n greadur od, yn fodlon mentro ar dy ben dy hun i bob man, ac eto ofn stormydd a thân!"

Dwi'n gweld pethau! . . . Ma raid mod i . . . .O dyma'r tro olaf y colla i noson o gwsg yn chwilio am ddafad. Dwi'n amau mod i'n dechrau gwallgofi, yn dringo dros fryniau ac i mewn i ogofau yng nghanol y nos – a rwan yn cario dafad heb i brifo am filltiroedd!

. . . Be YDI'R golau acw? Dwi erioed wedi gweld y fath beth . . . Falle ddylwn i orffwys am chydig. Dwi'n siŵr fod na ogof yn eitha agos. . . Dyna od, fedra i weld y tirlun gymaint gwell diolch i'r golau . . .YDW i'n gweld pethau?. . Cwsg . . . Seibiant byr. Dyna dwi angen, ac os di hon yn penderfynu dianc wel, gad iddi fynd. Ma hi wedi achosi digon o drafferth yn barod . . . O, siawns naiff hi aros "yn gwnei Apoles". "Tyrd yma . . . Wyt, mi wyt ti wedi blino hefyd."

Be oedd y sŵn na? . . . Be sy'na? . . . ydw i'n cysgu? . . . Mae'n olau dydd . . . Nac ydi . . . Be sy'n digwydd? Be sy'n digwydd i mi?

"O Apoles ti dal yma . . . Be sy?..Oes gen ti ofn...a fi hefyd . . . "

O be sy'n bod arna i, yn uniaethu efo dafad - a hon o bob un!! Fedra i'm gorwedd yma . . .

. . . Wela i olau tân y gweddill yn y pellter o geg yr ogof. "Tyrd o na Apoles, da ni'n mynd adre . . . Hy! adre . . . wel yn ôl at y lleill beth bynnag."

"O na! Paid ti a thrio dianc . . . fydd na ddim tân ar ôl erbyn i ni gyrraedd . . . TYRD O NA! . . . Na dwi ddim am dy gario di...

O ma'r ddafad ma'n drwm . . .

. . . Bron yna, dim ond un bryn arall . . .

Ma'r sêr yn ddisglair heno. Od a hithau mor olau . . . Oes, ma na storm ar i ffordd. Dyna'n siŵr oedd y sŵn. Adar yn trydar, yn chwilio am loches. Fe synhwyrodd Apoles rywbeth hefyd. Ma anifeiliaid yn synhwyro yn dydan . . ." wel mi wyt ti beth bynnag."

WAW!!!! Be oedd hwnna?? Seren wîb? Tybed welodd y lleill hi . . . na, siŵr bo nhw'n hanner cysgu . . . . O na, falle mai fi sy'n gweld pethau eto. Na i ofyn iddyn nhw . . .

     . . . na wnaf . . . fydda nhw'n siŵr o feddwl mod i'n wallgo wedyn, yn enwedig ar ôl i mi fod yn chwilio am hon *drwy'r* nos yn lle'i gadael hi.

     . . . mae'r awyr mor aflonydd . . . mor gyffrous . . . mor annaturiol . . . Dwi DDIM yn dychmygu'r peth . . . sut fedra i, mae'r awyr yn aur, yn aur pur ac ma'r bryn acw'n disgleirio yn y golau . . . O! Dyna lle'r oedd y lleill . . . O be sy'n digwydd? . . . .O help! Lle ma nhw? . . . .Dwi'm isio bod ar fy mhen fy hun . . . Fedra i ddim gweld, mae'r golau'n rhy ddisglair . . . a'r sŵn . . . yn llenwi nghlustiau, fy mhen . . .

     . . . dwi'n wallgof . . . .Be sy'n digwydd i mi?!?

     "Help . . . Fedra i ddim cerdded ddim pellach . . . Fedra i ddim sefyll . . .

"Peidiwch ag ofni"

       Llais . . .   Llais?

Yn fy mhen?

       Jacob?

Llais o'r awyr?   Llais o'r ddaear o dan fy nglust?

Pwy wyt ti?   Ble'r wyt ti? . . .   Helpa fi . . .

Mae na rywun arall ar lawr acw . . .
"Jacob". "Jacob".
"Ie" (yn sibrwd) Pwy sy' na? Helpa fi"
"Jacob fi sy ma . . . . .."
"O diolch . . . o diolch byth . . . ble fues ti "
O Jacob, mae na rywbeth yn bod arna i . . . glywi di'r sŵn . . . wyt ti'n gweld y golau?!? WYT TI'N GWELD!??"

"Peidiwch ag ofni"

"Dyna fo eto. Jacob . . . Wyt ti'n clywed . . . Ydi'r lleill yn clywed?

" . . . Ydw dwi'n clywed . . . "

"Peidiwch ag ofni, oherwydd wele, yr wyf yn cyhoeddi i chwi newyddion da am lawenydd mawr a ddaw i'r holl bobl."

"nnn . . . ewwww . . . yddion da." Newyddion da-be sy'n digwydd?"

"Ganwyd i chwi heddiw yn nhref Dafydd, Waredwr, yr hwn yw'r Meseia, yr Arglwydd."

Y MESEIA . . . y MESEIA. Ond sut, ond pam . . . ond mae'n ganrifoedd . . . ddwedodd neb yn y deml . . . wel dwi heb fod ers amser, ond y MESEIA? HENO ym Methlehem? Camgymeriad . . .

"A dyma'r arwydd i chwi: cewch hyd i'r un bychan wedi ei rwymo mewn dillad baban ac yn gorwedd mewn preseb."

Y MESEIA . . . Y MESEIA..Yma ym Methlehem . . . MEWN PRESEB . . . O be sy'n digwydd? Ble mae'r offeiriaid i gyd? Pam nad ydan nhw yma, ddylen nhw wybod pryd, a sut . . . a . . . ..O dwi ddim yn deall . . . . . . Duw? . . . Duw Moses? Duw Abraham? Ydi hyn yn wir? . . . Y Meseia yma heno?

O fedra i ddim edrych . . . mae'r awyr . . . mae'r awyr yn llawn creaduriaid . . . O Dduw . . . O Dduw . . . yn llawn . . . ANGYLION . .

"Gogoniant yn y goruchaf i Dduw, ac ar y ddaear tangnefedd ymhlith y rhai sydd wrth ei fodd."

Y gerddoriaeth, y moli, y golau . . . .

O Dduw. Gogoniant i Ti. O Dduw . . . rwyt ti'n llawn rhyfeddod. Dim ond bugail ydw i ac fe welais i HWN. Dim ond tref fechan ydi Bethlehem . . . . Ac rwyt ti am i ni weld dy Feseia di yma. Heddiw? . . . "

"Gogoniant yn y goruchaf i Dduw, ac ar y ddaear tangnefedd ymhlith y rhai sydd wrth ei fodd."

"Jacob....O Jacob....Mae Duw yma....Duw dy gyfenw, Duw Moses, Duw Gideon....Ein Duw ni....O mae'n siŵr fod Bethlehem gyfan yn dathlu....Tyrd....Tyrd...Gad i ni fynd i ganfod y preseb....
lle ma'r lleill?..."
"Dewch, O Dewch...."

"Ond be am y defaid?"   "Fedra i'm gadael y defaid."

    "Be os mai gweld pethau oedden ni?"

           "Be fydd pobl y dref yn i ddeud?"

"Bugeiliaid yn gweld pethau eto"   "Ydi o'n wir?"

"Glywaist ti hefyd?"   "Welaist ti?

    "Be am yr offeiriaid – lle ma nhw?"

"Dewch! O Dewch!"

"Roeddet ti'n gwybod yn doeddet Apoles! Dwn i ddim sut, ond doedd gen ti ddim ofn mentro yno....Os di hon heb ofn, dewch.. O dewch....."

Be am y Defaid?

Bachgen ifanc mewn gŵn nos a chadach sychu llestri.

Dynion dan haenau o ddefnydd a baw, â rhaffau o gwmpas eu canol.

Bochau cochion yn gwenu'n siriol yng ngholeuni cartrefol y capel.

Wynebau a dwylo fel rhisgl coed wedi oes yn yr awyr agored.

Oen, cyn wynned ag eira, dan bob cesail.

Dim sôn am ddafad – dim ond y gwynt!

Bugeiliaid - Bochau cochion sy'n gwenu'n ôl arnom ar ein calendr adfent a'n cardiau Nadolig. Ond os fentrwn ni i edrych tu hwnt i'r ddelwedd honno, fe ganfyddwn ddynion o gig a gwaed - dynion â chreithiau bywyd yn amlwg ar eu hwynebau. Dynion wedi treulio oes yn yr awyr agored yn amddiffyn eu praidd ymhob tywydd ac yn erbyn bob math o beryglon. Dynion â swyddi, a chyfrifoldebau, ac ofnau – dynion fel ni.

Wedi clywed neges yr angylion mae'n ddigon posibl iddynt ddechrau poeni am bethau – pobl, eu cyfrifoldebau, eu porfa, yr anifeiliaid gwyllt. Er iddynt gael gweledigaeth ysbrydol a fyddai'n aros yn eu cof am byth, efallai eu bod hefyd wedi ystyried peidio â mentro i Fethlehem. Fe roddodd Duw y dewis iddynt. Ond, fe roesant eu ffydd yn neges yr angylion ac aethant i chwilio am Iesu. Am iddynt fentro fe welsant y Meseia-rhai o'r dynion cyntaf i'w weld. Am fraint. Am brofiad.

Sawl un ohonom ni sydd wedi poeni am bethau fel hyn ar ôl cael ein herio gan Dduw drwy bregeth, neu ddarlleniad, neu weledigaeth? Efallai ein bod wedi derbyn dealltwriaeth ddyfnach o'i gariad tuag atom, neu ei barodrwydd i faddau – ac eto fe ddechreuwn boeni yn syth am ein cyfrifoldebau. Y mae'n wir fod Duw wedi rhoi cyfrifoldebau i ni, fel y rhoddodd i Adda ac Efa, ond nid ei gynllun Ef oedd i'r rhain fod yn rwystr i'w ddilyn Ef.

A ydym ni'n barod i ddilyn esiampl y bugeiliaid? I adael ein bywydau a'n defaid yn nwylo Duw, ac ymddiried ynddo ddigon i gredu yn ei addewidion ac i gamu ymlaen yn ein ffydd? Nid yw Duw yn disgwyl i ni anghofio'n cyfrifoldebau, ac mae'n bwysig nodi i'r bugeiliaid ddychwelyd at eu defaid. Ond dydi o chwaith ddim am i ni ddefnyddio'n hofnau fel esgus i beidio gwrando arno. Yn hytrach, fe allwn ofyn i Dduw ein hatgoffa o'i addewidion ac am gymorth i'w credu. Dyma un ohonynt:

"Peidiwch felly â phryderu a dweud, 'Beth yr ydym i'w fwyta?' neu 'Beth yr ydym i'w yfed?' neu 'Beth yr ydym i'w wisgo?' Dyna'r holl bethau y mae'r Cenhedloedd yn eu ceisio; y mae eich Tad nefol yn gwybod fod arnoch angen y rhain i gyd. Ond ceisiwch yn gyntaf deyrnas Dduw a'i gyfiawnder ef, a rhoir y pethau hyn i gyd yn ychwaneg i chwi."

Matthew 6 adn 31-33

Y Doethion

Fe chwiliodd y Doethion
Am Frenin yr Iddewon
Dilyn seren – dyna'i gyd
Pwy a ŵyr am ba hyd?

Fe aethant i balas
Heb ystyried stabl gwas
A chlywodd Herod frenin
Am y daith o'u cynefin.

Holodd yr Offeiriaid
A dweud wrth y dieithriaid
I chwilio ym Methlem dref
Hyd nes ei ganfod Ef.

I'r brenin diolchwyd
Wedi addo dychwelyd
A chychwyn unwaith eto
I chwilio a mentro.

Fe gyrhaeddodd y tri,
A phlygu a chlodfori
Cyn offrymu anrhegion -
Rhoddion drud seryddion.

Thus. Myrr. Aur.
A synhwyrodd y Fam Mair
Hynodrwydd y rhoddion rhain
-Yr offrymyau cain.

Tra cysgodd y doethion
Daeth rhybudd mewn breuddwydion
I fynd yn ôl i'r dwyrain
Nid at Herod filain.

Twyllwyd Brenin Herod
A throdd efe at ddifrod
A thrwy holl wlad Jwdea
Fe ddechreuodd laddfa.

Ni chlywn ddim mwy am dri
O seryddion doeth o fri
A fu'n barod i fentro
A dilyn a choelio.

Ond pwy wir all dybio,
Wrth feddwl a myfyrio,
Yr anhygoel lawenydd
Yng nghalon pob serydd.

Y Daith

Afon aur yn ymddolennu…Canghennau yn ymestyn tuag ati a throsti fel pont. Fedra i weld am byth o'r graig fyny yma.....Tybed ydi'r dŵr yn aur neu ai'r haul sy'n adlewyrchu? Fe af i weld...dwi angen ymestyn fy adenydd. Na i hopian at ymyl y garreg..ie dyma le da…ac i fyny ....y rhyddid… I fyny… I fyny… yr awyr iach…

TYWOD…yn boeth…ych, tywod yn fy ngheg. O fy ysgwydd a'm glun....gwynt camel…gwynt llesmeiriol, camel! Be ddigwyddodd? Y ffŵl camel. Mae raid i fod o wedi baglu er sut ma rhywun yn baglu mewn tywod dwi ddim yn gwybod….o a does na ddim sôn am y lleill. Wel, well i mi beidio aros yma yn sidro neu fydda i ar goll.

"O gamel styfnig, lawr, lawr i mi gael dringo'i fyny... aros yn llonydd!"

Reit wel o leia dwi fyny…O ma'r brodwaith aur ar yng ŵn i di dechrau datod. Sut ar y ddaear nath hynny ddigwydd? Piti, patrwm crand hefyd a'r defnydd yn ddigon moethus. Er fedra i ddim cael mynediad i weld brenin newydd fel hyn… Siŵr gawn ni ddigon o amser i newid a golchi - a siambr yr un i gysgu ynddo. Cysgu…mmm gwely…sawl noson ydi hi rwan ers i mi gysgu mewn gwely?

Mae'n dal yno... Ei bai Hi ydi'r cwbl...fyddwn i ddim yma onibai amdani Hi...Pam dod rwan? Pam nad mewn chydig o flynyddoedd pan fyswn i'n rhy hen i deithio? Dwi'n siŵr ei bod hi'n chwerthin wrth wincian. . . fedra i i chlywed hi rwan. Chwerthiniaid clir, aur. Ac fe glywais hi hefyd yn sibrydion tylwythi'r anialwch uffernol. Dynion na fedrai gredu ein bod mor wirion a gwragedd yn chwerthin ar ein ffolineb tu ôl i'w gorchudd...

....Y gwres...

.... Yr oerni...

Dwi'm yn gwybod pry'n di'r gwaethaf. Dau begwn, y ddau mor anghyfforddus â'i gilydd, ac eto dwi'n crefu am y llall drwy'r amser.

Does dim modd dianc, dim hyd yn oed wrth i'r tymhereddd neidio o un eithaf i'r llall - mae o'n digwydd rhy gyflym. Da ni'n rhedeg allan o fwyd a mae'n siŵr na fydd dim byd dros y twyn tywod nesaf, fel bob un arall. A doedd dim sôn am groeso ymysg y tylwyth a welsom ddoe... nac echddoe . . .

Fedra i ddim para llawer hirach. Mae'n ddyddiau a dyddiau a dyddiau ers i ni flasu dŵr oer glân. Fydd dim ar ôl ohonom erbyn i ni gyrraedd y brenin – os oes yna un o gwbl. Falle mai camgymeriad ydi'r cwbl. Camddehongli ystyr y seren yn ein brwdfrydedd twp. Does neb yn ein disgwyl ni... ac erbyn i ni gyrraedd fydd yr holl deulu brenhinol wedi encilio i balas arall. Mae'n amser troi'n ôl. . . wel, ar ôl y twyn nesaf. . .

O dwi'n wlyb drwyddaf, fy ngŵn yn hongian yn drwm dros fy 'sgwyddau, ond pa ots? Dwi'n wlyb! Mae gronynnau o dywod wedi glynu i ganghennau a dail aur y brodwaith, a'r defnydd porffor crand wedi dechrau llwydo. Ond pa ots. Dwi'n wlyb!

Y rhyddid o fod oddi cartref. Serydd â'i ben mewn pwll gwerddon yng nghanol anialwch, gyda'i gamel wrth ei ochr yn yfed bron cymaint â fo! Ha! Y rhyddid. Mae'r ddau arall yn llawer rhy benstiff, yn sipian dŵr o garegl-un yr un!

Ma'r dŵr wedi mynd ond dwi'n ysu gyda'r holl dywod o dan fy ngŵn. Pam nes i wlychu'r cyfan? Mae'r ddau arall yn edrych mor gyfforddus-a hunanfoddhaol yn y blaen...wastad yn y blaen. Falle na i droi nôl. Fase nhw ddim yn sylwi tan y bydda hi'n rhy hwyr. Fase nhw'n cario mlaen beth bynnag siŵr o fod....na fyse nhw'n troi nol....wel siŵr y basen nhw....

"Na fysen nhw ddim"

"Dim ond fi sy'n bwysig iddyn nhw."

"Dwyt ti ddim o bwys o gwbl."

"Tro'n ôl."

"Tro'n ôl."

"Tro'n ôl."
Y chwerthin slei, y chwerthin aur, y wincian.
Oes rhaid i ti fy mhoenydio?
Pam fi?   Pam fi?

Dwi ddim am gael fy nghofio fel yr un a drôdd yn ôl-yn enwedig ar ôl dod mor bell. Er cyrraedd lle, wn i ddim? Ma'r ddau arall yn meddwl ein bod ar gyrion Jerwsalem. Tybed, wn i ddim bellach? Ma'r seren fel petai wedi aros-gorffwys mae'n siŵr cyn ein cymryd ar daith yn y cyfeiriad arall. Siwrnai seithig. Ond o leiaf mae gweld dŵr unwaith eto wrth i ni chwilio am rywle i osod ein gwersyll heno yn gymaint o ryddhad. Cyfle i ymlacio a molchi, ac yfed...

...Unwaith eto rhywbeth i'n temtio nid i'n hadfywio ydoedd wedi'r cwbl. Roedd hi'n waeth na gweld gwerddon mewn rhuthlun.

Yn waeth na'r chwerthin.

Fe allwn deimlo'r dŵr. Ei deimlo'n rhedeg dros fy mysedd. Ond chwaraeai'r gwynt hallt ar ein ffroenau a'n rhwystro rhag yfed a molchi a chwerthin. Môr Marw. Môr y meirw. Môr Syched....

....Ond 'da ni bron yn Jerwsalem....siŵr i Dduw y cawn ni groeso a dŵr a bwyd yno. Falle y newidia i fy ngwisg. Ma'r cyfan yn llawn tywod ac wedi dechrau pylu yn yr haul, ond fedra i ddim cyrraedd fel cynrychiolydd o'r Dwyrain fel hyn.

Adeiladau. Pobl. Marchnadoedd. Gwragedd yn golchi. Aroglau. Llwch . . .

. . . Ond dim tywod.

Dim tywod dan draed, dim tywod yn y gwynt. O, y cyfle i gael 'molchi a bwyta a cherdded ymysg pileri a gerddi mawreddog, palas brenhinol ... Ac eto, mae'r camelod i'w gweld yn gloff yn cerdded ar yr wyneb cadarn - ar goll ar y strydoedd prysur, anghyffredin. Mae'r ddau arall yn edrych yn llai yma rywsut hefyd. Tensiwn yr anghyffredin yn pwyso ar eu hysgwyddau. Does fawr yn gynefin nac yn groesawgar yn yr adeiladau, a'r bobl, a'r farchnad . . . dim ond yn y siarsio a'r cwestiynu a'r wên arwynebol yn ceisio gwerthu nwyddau i ni, hynny yw - nwyddau o'n gwlad ein hunain hefyd! A does neb wedi clywed am frenin newydd. Efallai nad oes cyhoeddiad wedi'i wneud gan y teulu brenhinol eto.

Fydd hi'n well yn y palas. Fe gawn ni'r atebion yn y palas. Cil-edrych, sibrydion, plant â'u llygaid yn soseri, tlodion â'u hwynebau yn ymbilio – pam ei bod hi'n cymryd mor hir i gyrraedd y brif gât? Y wal yn gwgu'n fygythiol arnan ni a'r bobl o'n cwmpas.

Cil-edrych, sibrydion, llygaid drwgdybus ymysg y milwyr ar wyliadwriaeth.

"Brenin Newydd? Pa frenin newydd?"

Yr amheuon yn troi'n amddiffynnol.

"Herod ydi'r brenin."

Siŵr Dduw nad ydym wedi gwneud camgymeriad....ddim ar ôl yr holl amser. Y nosweithiau di gwsg, y syched, yr oerni, y chwerthin....o y chwerthin....ai hithau sy'n chwerthin rŵan? A glywaf watwar yn ei llais . . ?

" . . . Pa frenin newydd?"

Mae 'na rywbeth yn bod. Fe gawsom ein hebrwng i'r siambr yma echddoe, ac er bod gennym wely, a bwyd a dŵr glân, does dim blas i'r bwyd, ac mae cwsg wedi hen ehedeg o'r clustogau a'r gobennydd moethus.

Mae'n dal i chwerthin . . . a heb symud ers dyddiau.

Dwi dal methu ymlacio. Wnaiff yr ofn sy'n pwyso ar fy nghalon a'm meddyliau ddim mynd. Mae'n waeth yma nac ar y daith . . . a all hynny fod? Pa fath o daith ydi hon? Melltith o daith. Ond rŵan fedrwn ni ddim troi yn ôl. Fedrwn ni ddim dianc.

Mae na rywbeth yn bod. Lleisiau, gwatwar, gweiddi, ofn yn cario ar y gwynt dros y wal. Y wal nad yw'n ddigon uchel.

Dydi'r wal ddim yno bellach. Mae'r rheiny tu allan a'r rheiny tu fewn wedi uno yn ein herbyn. Ac mae ei chwerthin a'i chlegar Hi yn atseinio drwy Jerwsalem. Ai dyma ben y daith?

"Tro'n ôl . . . Tro'n ôl" . . . Pam na wrandewais pan ges i'r cyfle?"

Dyma'r diwedd. Fe ddaeth y gŵys. Fe ddaeth yr awr. Dyma'n hamser o flaen Herod ei hun. Dyma'r diwedd.

Pam fi?
Pam heddiw?

Dwi ddim yn hen ddyn . . . Ai dyma fy haeddiant am ddilyn y seren? Am gredu? Am fentro?

O na ddim heddiw . . . nid heddiw, nid yma yn Jerwsalem. Pam na fedrwn i farw yng ngwlad fy nhadau? Dwi ddim yn barod i farw. Ddim eto. Mae mwy i ddod.

Roedd Herod i'w weld yn fwy blinderus na'r tri ohonom pan gyrhaeddodd yn ein siambr. A ninnau'n aros yno yn disgwyl cael ein hebrwng i neuadd frenhinol yn llawn o wynebau – tystiolaethwyr, yn amyneddgar i weld tri serydd yn cael eu croesholi . . . eu condemnio. . . eu lladd.

Ac ar ôl hynna i gyd da ni'n rhydd i fynd . . . Yn rhydd unwaith eto . . .

. . . Ond mae na rywbeth yn bod.

Pam y cyfarfod dirgel? Pam rhoi gwybodaeth i ni am y lleoliad posibl i'r brenin newydd, a'n hanfon Ni i'w ganfod yn lle rhai o'i ddynion ei hun? Ai cynllwyn ydi'r cwbl? Ers pryd y mae wedi gwybod am Fethlehem fel man geni'r brenin – heddiw!?! Siŵr ddim – mae Bethlehem ar drothwy'r drws? A pham yr holl groesholi am amseriad y seren?
Mae na rywbeth o'i le yn rhywle . . .

. . . Ond 'da ni'n rhydd . . .

Mae hi yno dal yn wincian, ond does dim chwerthin yn y gwynt heddiw. Mae'n symud eto hefyd. Ai chwarae mîg efo ni mae hi? Ai'n harwain i ganol magl Herod?

Ac eto mae'n ein harwain yn syth at Fethlehem. Oes 'na newid yn y gwynt?

Mor braf ydi teithio unwaith eto. Awyr iach – wel – awyr llawn llwch – ond awyr iach wedi caethiwed y siambr heb glo lle bu'r awyr yn rheng gan ofn a'r gwynt yn llawn lleisiau a bygythiadau.

"Teyrnfradwriaeth"

Y nosweithiau digwsg, llawn hunllefau. Y gobennydd moethus di-gysur......Mae'n anodd anghofio. Ond beth sydd i ddod? Beth sydd i ddod?

. . . Mae yno'n dal yn wincian.

. . . Mae hi yma ac yn gwenu a wela i ddim gwatwar yn ei gwên . . .
Mae wedi cyrraedd pen ei thaith.

Ble'r ydym ni? Stryd digon cyffredin. Tŷ digon cyffredin hefyd. Ac eto
mae 'na groeso yn y golau gwan drwy'r ffenestr. Tŷ heb waliau a gatiau
a gwylwyr. Cartref.

Fe es i gyntaf am y tro cyntaf! Wrth aros, wedi cnocio, fe edrychais i fyny
unwaith eto, ac roedd hi'n gwenu arnaf. A phan agorwyd y drws fe welais
ei disgleirdeb am y tro cyntaf. Roedd hithau wedi cyrraedd hefyd.

Wrth gamu dros y trothwy fe drodd y fam tuag ataf o'i safle wrth y tân,
cynnes, ac yn ei breichiau roedd y rheswm am y cyfan. Ni allwn gamu
ymhellach ac wrth i mi blygu ar fy ngliniau fe welais y llawenydd yng
ngwynebau y ddau ar eu gliniau bob ochr i mi.

Am ba hyd y bum ar y llawr yn y tŷ hwnnw wn i ddim. Ond rywsut,
canfûm ein hunain wrth ein camelod yn awyddus i estyn ein hoffrymau.

Roedd hi dal yno . . . yn ei hysblander . . . ac fe winciodd unwaith yn
rhagor arnaf. Ac am y tro cyntaf fe wenais i yn ôl.

Fe gysgais am y tro cyntaf y noson honno, a hynny heb obennydd a goben
– dim ond gwellt. Ac eto nid cwsg digyffro a gefais, na'r ddau arall
chwaith. Fe ddaeth yr atgofion yn ôl am Jerwsalem. Ond nid troi yn
hunllef a wnaethant, ond yn hytrach yn cadarnhau ein holl amheuon.
Wedi deffro fe wyddom fod yr Un a fu'n gyfrifol am y seren, a'r daith, a
genedigaeth Iesu am ein harwain ninnau yn ôl hefyd- ond ar hyd ffordd
arall. Ar daith newydd. Taith na fyddai'n gorffen wedi cyrraedd adref.

Teithio mewn Ffydd

Nid oes llawer o wybodaeth ar gael am y tri gŵr doeth. Yn wir does neb yn hollol siŵr pwy oeddent. Ond mae'n ddigon tebygol eu bod wedi teithio cryn bellter o'r Dwyrain i ganfod Brenin yr Iddewon.

Ymhell yn y dwyrain, credodd y tri fod y seren yn dynodi genedigaeth Brenin yr Iddewon ac mewn ffydd fe ddilynasant y seren. Pan gychwynasant ni wyddent i ble y byddai'r seren yn eu harwain, nac am ba hyd y byddent yn teithio. Ar waethaf y daith bell, ymateb Herod a holl Jerwsalem, fe barhaodd y tri. Ac wedi canfod y bychan mewn tŷ[13] ym Methlehem, nid troi yn ôl a wnaethant, ond syrthio ar eu gliniau mewn llawenydd ac addoliad. Dyna oedd pwrpas eu taith.

Roedd digon o gyfleon i droi yn ôl. Roedd digon o amser hefyd i amau eu ffydd. Ond dyfalbarhau a wnaethant, ac yn y diwedd fe welsant Iesu Grist, Gwaredwr y byd. Pan glywsant rybudd Duw mewn breuddwyd, ufudd eto fu'r doethion a gadael i Dduw eu harwain yn ôl i'r Dwyrain ei ffordd Ef.

Gall taith y Cristion fod yn debyg i daith y doethion. Yn wir, fe ddywed Iesu mai cul yw'r ffordd.[14.] Ond y mae Iesu yn addo na wnaiff Ef, na Duw, na'r Ysbryd Glân, fyth ein gadael ar y daith. A ydym fel Cristnogion yn barod i gychwyn ar y daith a pharhau hyd y diwedd er gwaethaf beth ddaw ar y ffordd? A fedrwn ni ddilyn esiampl y doethion a cherdded mewn ffydd a sicrwydd fod Duw am ein harwain?

Gall chwilio am Iesu Grist yn y lle cyntaf hefyd fod yn anodd. Anodd gwybod ymhle i edrych am yr atebion, ac weithiau nid yw'r atebion i'w cael yn y llefydd yr ydym yn chwilio. Ond medd Iesu:

"Gofynnwch, ac fe roddir i chwi; ceisiwch ac fe gewch; curwch, ac fe agorir i chwi," (Mathew 7, adn 7). Falle eich bod wedi clywed y geiriau hyn fil o weithiau yn barod. Ond ydych chi erioed wedi gofyn i Iesu Grist am yr atebion? Os gwnewch chi hynny y mae Ef yn addo ateb:

"Oherwydd y mae pawb sy'n gofyn yn derbyn, a'r sawl sy'n ceisio yn cael, ac i'r un sy'n curo agorir y drws" (adn8). Efallai na ddaw yr ateb yn y ffordd yr ydym yn ei ddisgwyl hyd yn oed. Ond fe wêl Duw ein calonnau, a'n hangen, a'n cymhelliad, ac y mae'n aros i'w bobl droi ato a dilyn ei lwybr Ef.

Wedi'r Nadolig

Ai stori plentyndod ydi'r geni erbyn hyn, stori heb fawr o ystyr tu draw i'r Nadolig? Stori am feudy sy'n aros yn y beudy.

Stori....dim ond stori?

Oes yna wirionedd iddi? Y baban yn cael ei eni mewn beudy, y bugeiliaid a'r doethion yn mynd i'w weld. Angylion a seren yn y nen? Ar yr wyneb, efallai ei bod hi'n stori braf, gysurus, glyd. Mae'n siŵr ein bod ni wedi ei chredu ar ryw adeg, ond beth am heddiw? Ai traddodiad fel Siôn Corn ydi hi erbyn hyn neu oes ganddi ystyr tu draw i'r Nadolig?

Fe ddywedodd yr angylion wrth y bugeiliaid fod Gwaredwr wedi ei eni ym Methlehem. Ar yr un pryd roedd y doethion yn dilyn seren oedd yn arwydd fod Brenin yr Iddewon wedi ei eni. Yn ôl yr angylion a'r doethion felly roedd Iesu yn faban go arbennig. Ond pam ei alw'n Frenin, ac yn fwy na hynny – yn Waredwr?

Y mae'r gair Gwaredwr yn amlygu fod rhywun angen ei achub. Teitl go od i faban mewn rhai ffyrdd. Wedi'r cwbl sut fedr baban achub rywun - yn enwedig baban mewn perygl ei hun wth law Herod? Ac eto, y mae Cristnogion hyd heddiw yn galw Iesu Grist yn Waredwr.

Efallai ei fod yn haws i ystyried Iesu yn Frenin. Baban wedi ei eni i linach brenhinol – i linach y brenin Dafydd. Ond rywsut dydi'i fywyd ar y ddaear ddim yn ffitio i fowld bywyd Brenin traddodiadol. Yr unig goron a gafodd ef erioed oedd coron ddrain. Am dair blynedd doedd ganddo ddim cartref, heb sôn am balas! Ac eto, os oedd o'n frenin di-nod, heb goron na chartref, pam dathlu ei eni o gwbl – yn enwedig dros ddwy fil o flynyddoedd yn ddiweddarach? Dyma'r ateb a geir yn y Beibl.

Yn yr Hen Destament fe ddarllenwn am Adda ac Efa yn byw mewn paradwys ar y ddaear. Roedd Duw am rannu ei greadigaeth gyda dyn ac fe fu'n cerdded gyda'r ddau yn yr ardd, yn mwynhau perthynas gyda hwy (Gen 3 adn8). Ond fe demtiwyd Adda ac Efa gan y diafol ac yn lle dilyn rheolau Duw fe fu'r ddau yn anufudd. Am iddynt bechu fe gawsant eu troi allan o ardd Eden, ac fe fu'n rhaid iddynt fyw ar y ddaear dan ormes a chaledi, a'r berthynas rhyngddynt a'r Creawdwr yn deilchion.

Fe allai Duw fod wedi gadael i'r ddau ohonynt, a gweddill dynol ryw, i fyw fel hyn am weddill eu hoes – yn ymdrechu o ddydd i ddydd heb fawr o obaith a heb ddyfodol tu draw i fywyd ar y ddaear.

Ond, yn y Beibl fe glywn am gynllun a chariad Duw i achub ei greadigaeth-gan ddechrau gyda'r Iddewon. Efallai eich bod yn ymwybodol o hanes yr Iddewon. Eu caethiwed yn yr Aifft efallai? Neu daith Moses a'i bobl drwy'r anialwch am ddeugain mlynedd? Neu falle y gwyddoch am hanes rhai o'u brenhinoedd-rhai a wrandawodd ar Dduw, a rhai a wrthryfelodd yn ei erbyn? Drwy'r holl Hen Destament fe welwn yr Iddewon yn profi bywyd bendithiol pan oeddent yn ufudd i Dduw, ond yn aml yn colli'r cyfan drwy anufuddod. Mae'n hawdd darllen eu hanes weithiau a gofyn, pam nad oeddent yn ufudd drwy'r amser?

Fe ddewisodd Duw yr Iddewon i amlygu ei hun a'i bwrpas i'r holl fyd, ac fe glywodd sawl gwlad ac unigolyn am fodolaeth Duw drwy fywydau a hanes yr Iddewon. Ond mae mwy i lyfrau'r Hen Destament na hanes.

Rhoddodd Duw orchmynion a chanllawiau i'r Iddewon tra'r oeddent yn byw yn yr anialwch. Ond yn ogystal â'r rhain fe atgoffodd y bobl eu bod yn bechaduriaid a'u bod angen edifarhau cyn y gallent nesáu ato Ef. Fe roddodd Duw restr o aberthau ac offrymau y gallai'r bobl eu rhoi iddo Ef drwy'r offeiriaid, a fyddai'n symbol o'u hedifeirwch (Lefiticus 5-7). Drwy aberthu fel hyn fe gawsant faddeuant. Drwy law Moses y daeth y gorchmynion i'r bobl ac fe fu'n cyfryngu â Duw ar ran yr Iddewon. Roedd gan Foses berthynas agos ac arbennig gyda Duw, ond fe welwn yn y Beibl fod Duw am i'w holl greadigaeth fwynhau yr un math o berthynas gydag Ef. Ond sut?

Fe glywn sawl proffwyd yn yr Hen Destament yn sôn am gynllun Duw i achub yr holl fyd. Efallai mai geiriau Eseia ym mhennod 53 ydi'r rhai mwyaf adnabyddus.

Ac yna, dros 400 mlynedd ar ôl hanes yr Hen Destament fe anwyd baban - Iesu Grist. Mae'n wir na dderbyniodd nifer helaeth o Iddewon, a hynny hyd heddiw, mai Iesu oedd y Meseia ac Iachawdwr dynol ryw. Efallai eu bod yn disgwyl brenin wedi'i eni mewn palas enwog, Brenin a fyddai'n arwain byddin fawr i amddiffyn yr Iddewon a diogelu eu hetifeddiaeth am byth. Efallai ein bod ni yn synnu mai dyma ateb Duw i broblemau'r byd heddiw-baban bach a anwyd ddwy fil o flynyddoedd yn ôl, mewn stabl!?!

Ond os darllenwn ni broffwydoliaethau'r Hen Destament, y mae bywyd – a marwolaeth Iesu wedi'i ddisgrifio yno, a hynny flynyddoedd cyn ei eni. Pa ots efallai medde chi? Ydi mae'n wir ei bod hi'n anodd ystyried sut y gall genedigaeth Iesu Grist wneud gwahaniaeth i fywyd heddiw. Ond mae'r ateb i'w gael yn y Beibl.

Y mae Duw yn cael ei ddisgrifio sawl gwaith fel Duw Sanctaidd ac nad ydyw'n medru bod mewn perthynas â neb nad yw'n sanctaidd hefyd. Ond y mae'r Beibl hefyd yn dweud wrthym ein bod ni gyd, fel Adda ac Efa, yn bechaduriaid. Efallai nad ydych yn cytuno. Efallai nad ydych wedi'r torri'r deg gorchymyn, yn enwedig heb ladd rywun neu ddwyn. Ond a fedrwn ni ddweud ein bod yn berffaith - byth yn genfigennus, yn caru ac yn hoffi pawb? Mewn gwirionedd mae'r Beibl yn dweud:

"Os dywedwn ein bod yn ddibechod, yr ydym yn ein twyllo ein hunain..." (1 Ioan 1adn8).

Y mae hefyd yn dweud ein bod ni gyd wedi pechu... (Rhufeiniaid 3 adn 23).

Ond os mai dyna ein hetifeddiaeth gan Adda ac Efa, oes gobaith i ni?

Wel, y mae Duw wedi rhoi rhyddid i ni wneud penderfyniadau. Os darllenwn a chredwn y Beibl fe welwn ein bod yn dioddef oherwydd yr hyn â ddigwyddodd yn yr ardd yn Genesis. Dydan ni ddim yn berffaith. Ac os ydi Duw yn sanctaidd a bod pechod wedi torri'r berthynas rhyngom ac Ef, does fawr ddim fedrwn ni ei wneud. O ddarllen y Beibl, ac edrych ar ein hunain a'r byd o'n cwmpas mor hawdd ydi gweld sut y gallai Duw fod wedi penderfynu ein gadael ar ein pennau'n hunain. Wedi'r cwbl fe roddodd Ef gymaint i ni yng nghardd Eden, a ni a ddistrywiodd y cyfan.

Ond, fe benderfynodd Duw nad oedd am i'w greadigaeth fyw fel hyn, a thrwy Iesu Grist fe roddodd i'r byd ffordd i ail-gynnau'r berthynas gydag Ef. I ni gael mwynhau y math o berthynas y cafodd Moses, a mwy. Mwy? Mae'r Beibl hefyd yn dweud nad marwolaeth ydi'r diwedd. Y mae Duw hefyd wedi paratoi lle cymaint gwell i ni ar ôl i ni farw. Mae ei ras yn anhygoel. Ond sut fedrwn ni dderbyn ei rodd?

Mae'r ateb unwaith eto yn y Beibl. Fe anfonodd Duw ei unig Fab, a fu gydag Ef ers y cread, i'r ddaear i'n hachub. Ie y baban bychan yn y preseb. Ond nid aros yn y preseb a wnaeth Iesu Grist-fe dyfodd yn ddyn, ac yn 30 oed fe adawodd ei gartref i rannu ei Newyddion Da gyda'r byd.

Os hoffech ddarllen am ei fywyd ewch i'r pedwar llyfr cyntaf yn y Testament Newydd (Matthew, Marc, Luc a Ioan). Ynddynt ceir hanes eglur cynllun Duw i achub Ei bobl.

Ond sut y gall bywyd Iesu ein hachub ac ailsefydlu'r berthynas rhwng dyn a Duw? Ei farwolaeth ydi'r ateb. Tra'r oedd Iesu ar y ddaear ni bechodd o gwbl. Mae'n anodd dirnad fod y fath beth yn bosibl gan ddyn. Ond nid dyn yn unig oedd Iesu. Efallai fod hyn hefyd yn anodd i'w ddirnad, ond os darllenwn Ioan 14 fe welwn sut yr esboniodd Iesu hyn i'w ddisgyblion.

Fel cefndir, y mae'r disgyblion wedi byw gyda Iesu ers cryn amser erbyn hyn, ac mae Iesu wedi eu rhybuddio y caiff ei fradychu. Y mae'n amlwg fod y disgyblion yn poeni ac yn ofnus....

"Peidiwch â gadael i ddim gynhyrfu'ch calon. Credwch yn Nuw, a chredwch ynof finnau. Yn nhŷ fy nhad y mae llawer o drigfannau; pe na byddai felly, a fyddwn i wedi dweud wrthych fy mod yn mynd i baratoi lle i chwi? Ac os af a pharatoi lle i chwi, fe ddof yn ôl, a'ch cymryd chwi ataf fy hun, er mwyn i chwithau fod lle'r wyf fi. Fe wyddoch y ffordd i'r lle yr wyf yn mynd."

Meddai Tomos wrtho, "Arglwydd, ni wyddom i ble'r wyt yn mynd. Sut y gallwn wybod y ffordd?" Dywedodd Iesu wrtho, "Myfi yw'r ffordd a'r gwirionedd a'r bywyd. Nid yw neb yn dod at y Tad ond trwof fi. Os ydych wedi f'adnabod i, byddwch yn adnabod y Tad hefyd. Yn wir, yr ydych bellach yn ei adnabod ef ac wedi ei weld ef."

Meddai Philip wrtho, "Arglwydd dangos i ni y Tad, a bydd hynny'n ddigon inni." Atebodd Iesu ef, "A wyf wedi bod gyda chwi cyhyd heb i ti fy adnabod, Philip? Y mae'r sawl sydd wedi fy ngweld i wedi gweld y Tad. Sut y medri di ddweud, 'Dangos i ni y Tad,' onid wyt yn credu fy mod i yn y Tad, a'r tad ynof fi? Y geiriau yr wyf fi'n eu dweud wrthych, nid ohonof fy hun yr wyf yn eu llefaru; y Tad sy'n aros ynof fi sydd yn gwneud ei weithredoedd ei hun. Credwch fi pan ddywedaf fy mod i yn y Tad, a'r Tad ynof fi; neu ynteu credwch ar sail y gweithredoedd eu hunain" (Ioan 14 1-11).

Er bod y disgyblion wedi cyd-gerdded, a chyd-fyw gydag Iesu am flynyddoedd nid oeddent i gyd wedi dirnad pwy ydoedd Ef. Ar nodyn personol, roeddwn i yr un fath. Fe es i i gapel ac eglwys ers yn ferch fach. Fe wyddwn am lawer o'r hanesion yn y Beibl. Roeddwn i'n credu mewn nefoedd ac uffern. Doeddwn i ddim yn credu mod i'n berson drwg, ac yn sicr heb ladd neb-rywsut dyna'r gorchymyn sy'n dod i'r meddwl gyntaf! Felly roeddwn i'n credu mod i'n mynd i'r nefoedd. Ac yna, un noson, fe es i gyfarfod Cristnogol yn bedair ar bymtheg mlwydd oed, a sylweddolais fod Duw yn cynnig mwy i mi nag oeddwn erioed wedi'i ddeall o'r blaen. Roedd Ef yn cynnig perthynas bersonol i mi gydag ef. Yn cynnig mwy na thraddodiadau cysurus a gwasanaethau wythnosol capel. Yn cynnig maddeuant am bob dim roeddwn i erioed wedi'i wneud yn anghywir, ac yn barod i faddau popeth roeddwn i'n siŵr o wneud yn y dyfodol, os oeddwn yn wir edifarhau. Yn cynnig lle i mi yn y nefoedd. Yn cynnig bywyd fel nad oeddwn i erioed wedi ei brofi o'r blaen.

Nid yw Duw heddiw yn ddim gwahanol i'r Duw a ddarllenwn amdano yn yr Hen Destament. Y mae'n Dduw sanctaidd. Y mae'n Dduw na allwn nesáu ato a'i adnabod tra'n bod yn bechaduriaid. Ond mewn cariad a gras fe ddewisodd i achub Ei bobl, gan roi Ei Fab yn aberth. Y mae'n troi'r cyfan ben i waered. Does dim y medrwn ni ei wneud i achub ein hunain-ac o wybod hynny fe benderfynodd wneud y cyfan. Pan laddwyd Iesu Grist ar y groes, roedd o'n ddyn dieuog. Roedd gan Iesu'r pŵer i ddianc, i ddewis bywyd dros farwolaeth. Ond er mwyn ei greadigaeth, fe aeth i'r groes. Ac fe fu farw mab Duw.

Ond fel yr addawodd y proffwydi, fel addawodd Iesu Grist ei hun, cododd o farw'n fyw ar y trydydd dydd. Ac fel yr addawodd i'w ddisgyblion, y mae 'nawr wedi mynd yn ôl at y Tad i baratoi lle i bawb sy'n dewis troi at Dduw a gofyn iddo am faddeuant. Drwy farwolaeth Iesu Grist; drwy aberth y Tad a'i Fab, y mae gan bob un ar y ddaear y cyfle i gael perthynas glos gyda Duw. Nid perthynas amhersonol sydd ar gael yma. Dyma fywyd fel yr oedd Duw am i'w greadigaeth ei mwynhau.

Y mae'r cyfan wedi ei wneud ac mae geiriau olaf Iesu Grist yn atsain drwy'r canrifoedd:

"Gorffenwyd".

Os nad ydych yn credu eich bod wedi'ch gwaredu ac mewn perthynas bersonol gyda Iesu Grist, ond fe hoffech chi wybod mwy neu ofyn cwestiynau, mae sawl cwrs ar gael sy'n esbonio'r Efengyl megis Alpha. Efallai bod eich capel neu eglwys leol yn rhedeg cwrs. Neu efallai bod siop lyfrau Gristnogol ar gael yn eich hardal. Am fwy o wybodaeth edrychwch ar fy ngwefan www.awenau.co.uk

Ond os teimlwch yr hoffech chi ofyn i Dduw heddiw i gael dechrau bywyd newydd gydag Ef, mae angen gwneud dau beth. Da ni angen sylweddoli ein bod yn bechaduriaid ac angen maddeuant Duw. Os ydym yn edifar am yr hyn yr ydym wedi'i wneud yn y gorffennol, y mae Duw yn fwy na pharod i faddau i ni. Yn wir mae'n aros yn eiddgar i ni droi ato.

Yr ail beth ydi'n hangen i gredu yn Iesu Grist fel ein gwaredwr. Ni allwn agosáu at Dduw ar ein pennau ein hunain. Nid yw bywyd llawn o weithredoedd da yn ddigon, na hyd yn oed ein hymdrechion gorau i fod yn berson da. Rydan ni angen Iesu Grist a'i aberth Ef i'n hachub ac i'n galluogi i gael ein hachub.

Efallai eich bod wedi meddwl mai trio bod yn berson da a chredu yn Iesu a Duw, a nefoedd ac uffern, oedd ystyr bod yn Gristion, ac wedi cymryd addewidion Duw yn ganiatol. Neu efallai nad ydi Duw wedi bod yn rhan o'ch bywyd o gwbl tan rŵan. Ond dyma wirionedd y Newyddion Da. Y mae Duw yn aros i ni droi yn ôl ato. Os ydych yn credu eich bod wedi gwneud y ddau beth yma, gallwch weddïo fel hyn:

'O Dduw, mae'n ddrwg gen nad ydw i wedi ceisio
byw dy ffordd Di yn y gorffennol.
Diolch Iesu am farw ar y groes er fy mwyn.
Diolch O Dduw am anfon dy unig Fab yn aberth er fy mwyn i.
Tyrd i mewn i'm bywyd a helpa fi i fyw bywyd fel yr wyt ti
am i mi ei fyw.
Yn Enw Iesu Grist
Amen'

Os ydych wedi medru dweud y weddi hon mae Iesu yn addo eich bod wedi'ch hachub. Mae'n bwysig eich bod yn rhannu gyda rhywun arall eich bod wedi gwneud y penderfyniad yma i ddilyn Iesu Grist, o bosibl Cristion a fydd yn medru eich helpu ar eich taith newydd.

A bydded i ras ein Harglwydd Iesu Grist, a chariad Duw, a chymdeithas yr Ysbryd Glân aros gyda ni oll, o'r awr hon, hyd byth, Amen.

[1] *A welaist ti'r ddau - W. Rhys Nicholas, 1914-96*

[2] *Ganol Gaeaf Noethlwm - Christina Rossetti (cyf. Simon B. Jones)*

[3] *Tua Bethlem Dref - Wil Ifan, 1883-1968*

[4] *Rhown foliant o'r mwyaf - 1579(?) – 1644*

[5] *Hughes, J. Draw yn Nhawelwch Bethlem Dref, 1896-1968*

[6] *Issac Watts: When I survey the Wondrous Cross (cyf William Williams)*

[7] *Dawel Nos. Jospeh Mohr. Addasiad T. H. Parry-Williams*

[8] *Luc 2 ad 6-7. Y Beibl Cymraeg Newydd. Addasiad Diwygiedig. Cymdeithas y Beibl*

[9] *Yn y beudy, ganwyd Iesu. Geiriau gan Siôn Aled, Y dôn Wele'n Gwawrio gan Henry Williams*

[10] *golygfa geni=nativity scene*

[11] *O Deued Pob Cristion. Jane Ellis. Addas. Y Caniedydd Cynulleidfaol Newydd.*

[12] *Addasiad o air Groeg sy'n golygu 'Un a gollwyd ac a ddaethpwyd o hyd iddo'.*

[13] *Yn wahanol i'r hyn y mae sawl carol a thraddodiad nadolig yn ei ddweud, uwchben ty yr arhosodd y seren nid stabl, ac fe gredir mai yma yr oedd Mair a Joseff a'r baban Iesu yn byw wedi'r geni.(Matthew 2adn11).*

[14] *Mathew 7 adnod 14*

Cymerwyd 1 i 7, 9 ac 11 o 'Caneuon Ffydd' (2001)
Gwasg Gomer ISBN 1 903754 011

Ym Mrig y Morwydd

Rhagarweiniad

A chan ddechrau gyda Moses a'r holl broffwydi,
dehonglodd iddynt y pethau a ysgrifennwyd amdano ef ei hun
yn yr holl Ysgrythurau.

Luc 24 adn 27

Pe rhoddwyd y cyfle i mi fod yn bresennol yn un o ddigwyddiadau'r Beibl fe ddewiswn i y daith i Emaus - i glywed Iesu Grist ei hun yn dehongli'r Beibl ar ôl iddo atgyfodi; i fod gyda'r ddau ddisgybl pan ddeallasant yn llwyr am y tro cyntaf am gynllun Duw i achub dynol ryw; ac i rannu'r pryd cyntaf hwnnw gydag Ef – am fraint. Ond y mae'n fraint medru darllen y Beibl, dros ddwy fil o flynyddoedd yn ddiweddarach, a chael gweld cynllun Duw yn cael ei gwblhau. A dyna oedd un ysbrydoliaeth i gychwyn y gyfrol hon.

Fe ddaeth yr ail o fyd natur. Fel sawl un ohonoch rwy'n siŵr, fe welaf agweddau o gymeriad Duw yn disgleirio ym myd natur - Ei ogoniant, Ei berffeithrwydd, Ei greadigrwydd, Ei ofal. Cyn ein rhoi ar y ddaear fe greodd fyd hynod o brydferth a pherffaith i ni ei fwynhau ac i'n cynnal:
"A gwnaeth yr ARGLWYDD Dduw i bob coeden ddymunol i'r golwg, a da i fwyta ohoni, dyfu o'r tir" (Genesis 2 adn 9).

Fe'm hysbrydolwyd gan y syniad fod coed yma ers dechrau'r byd, yn wylwyr mud drwy gydol hanes. Mae'r casgliad hwn o fyfyrdodau, un bob dydd ar gyfer y Grawys a'r Pasg yn dilyn rhai o ddigwyddiadau'r Beibl, yn gronolegol[1], lle ceir coeden neu blanhigyn ynghlwm â'r stori neu'r neges.

Mae'r Beibl yn cynnwys sawl adnod sy'n sôn am fyfyrio ar Air Duw, ac ar ei weithredoedd, yn enwedig yn y Salmau. Gyda bywyd mor brysur i'r mwyafrif ohonom mae ceisio canfod hyd yn oed munud neu ddwy i fyfyrio yn aml yn beth anodd. Ond fy ngweddi yw y bydd y nodiadau defosiynol yma yn eich helpu i dreulio ychydig o amser bob dydd yn canolbwyntio ar Dduw a'i Air.

Fy ngobaith yw y cewch chithau, fel minnau, gip-olwg newydd ar rai o brif ddigwyddiadau a phroffwydoliaethau'r Beibl wrth syllu drwy'r canghennau...

Pren Gwybodaeth

Genesis 2 adn 9

A gwnaeth yr Arglwydd Dduw i bob coeden ddymunol i'r golwg, a da i fwyta ohoni, dyfu o'r tir; ac yr oedd pren y bywyd yng nghanol yr ardd, a phren gwybodaeth da a drwg.

Rwyt yma ers dyddiau,
Yn cuddio,
Yn gwylio.

Dy lygaid mor gyfrwys.
Yn dawnsio,
Yn brolio.

Dy gorff yn ymlusgo,
Yn torchi,
Y llechgi.

Mae gen ti ryw gynllun,
A'th eiriau,
A'th driciau.

Yn barod i'w maglu,
I'w twyllo,
Darbwyllo.

Ac fe wawriodd dy ddydd,
O'th guddle,
Dy gyfle.

A llithraist fel lleidr,
I demtio,
Dinistrio.

Ac fe gollais fy ffrwyth,
Cyn ddaeth nos,
I'th achos.

Wedi creu byd perffaith fe greodd Duw ddynol ryw i fwynhau ei greadigaeth ac i fod mewn perthynas ag Ef. Fe roddodd ganllawiau hefyd ar y ffordd orau i fyw – ond fe roddodd y dewis i'w ddilyn Ef neu beidio. Dewisodd Adda ac Efa i'w anwybyddu, a thrwy gydol y Beibl fe welwn yr Israeliaid yn gwneud yr un penderfyniad sawl tro. Ond nid hwy yw'r unig rai. Efallai ein bod ni wedi Ei anwybyddu ar hyd ein hoes neu efallai mai dim ond meddwl am Dduw a wnawn mewn cyfyngder. Ond hyd heddiw mae Duw am i ni wybod am y dewis arall sydd ar gael.

Gweddi: Arglwydd Dduw wrth i ni deithio drwy'r Beibl dros gyfnod y Grawys helpa ni i ddeall mwy am y math o fywyd yr wyt ti'n ei gynnig i ni. Yn enw Iesu Grist, Amen.

Deilen Olewydd

Genesis 8 adn 8 – 12

Yna gollyngodd (Noa) golomen i weld a oedd y dyfroedd wedi treio oddi ar wyneb y tir, ond ni chafodd y golomen le i roi ei throed i lawr, a dychwelodd ato i'r arch am fod dŵr dros wyneb y ddaear. Estynnodd yntau ei law i'w derbyn, a'i chymryd ato i'r arch. Arhosodd eto saith diwrnod, ac anfonodd y golomen eilwaith o'r arch. Pan ddychwelodd y golomen ato gyda'r hwyr, yr oedd yn ei phig ddeilen olewydd newydd ei thynnu; a deallodd Noa fod y dyfroedd wedi treio oddi ar y ddaear. Arhosodd eto saith diwrnod; anfonodd allan y golomen, ond ni ddaeth yn ôl ato y tro hwn.

Yr oedd Noa'n dad i dri o feibion: Sem, Cham a Jaffeth. (Gen 6 ad 10)...

Fedra i'm credu fod Duw wedi boddi'r holl fyd. Ma'r peth yn anghredadwy!! A beth am fy ffrindiau, a'r holl anifeilaid...a'n cartref....a'n....o...?
...Mae dad wedi sefyll acw ers dyddiau yn syllu drwy'r ffenestr – ac hyd yn oed wedi dechrau anfon adar allan yn y gobaith y daw ryw arwydd o fywyd tu draw i'r arch bren yma. Ond wn i ddim os y medra i fyth edrych allan, heb sôn am adael fan hyn. Ydi mae'r drewdod yn anioddefol, a phawb ar ben eu tennyn ar ôl cyhyd, ond o leia mae'n saff yma. Be' fydd ar ôl pan agorwn ni'r drws? Ai dim mwy nag oedi ein marwolaeth y mae Duw wrth ein rhoi yn yr arch yma? Neu oes ganddo bwrpas arall? Wn i ddim. Does gen i ddim y math o ffydd sydd gan dad...

Mae stori Noa yn un enwog ac yn un o ffefrynnau'r Ysgol Sul a llyfrau plant. Mae'n debyg fod y rhan fwyaf ohonom yn gyfarwydd â hi. Ond os edrychwn tu draw i'r arch, a'r anifeiliaid, a'r enfys, mae stori llawer tywyllach ac anoddach i'w darllen yn llechu. Ddoe fe welsom fod Duw wedi rhoi'r dewis i ni i'w ddilyn Ef neu beidio, ond heddiw fe welwn fod canlyniadau pan ddewiswn beidio a'i ddilyn Ef. Mae'r Beibl yn glir fod nefoedd ac uffern yn bodoli ac y daw Dydd y Farn, ac er nad ydym yn siarad amdanynt yn aml, fe siaradodd Iesu Grist amdanynt sawl gwaith. Fe allwn ystyried y sefyllfa yn Genesis, pan anfonodd Duw ddilyw i ddinistrio'r bobl, fel gweithred erchyll ac anheg. Ond er mwyn deall ei benderfyniad y mae'n rhaid i ni ddeall fod Duw yn Dduw Sanctaidd ac na allwn fod mewn perthynas ag Ef os ydym yn bechaduriaid. Cyn i Adda ac Efa anwybyddu cyfarwyddiadau Duw roeddent yn mwynhau perthynas bersonol â Duw:

"A chlywsant sŵn yr ARGLWYDD Dduw yn rhodio yn yr ardd gyda hwyr y dydd..." (Gen 3 adn 8). Ond pan wrandawsant ar y sarff yn hytrach nag ar Dduw, a phechu yn Ei erbyn, fe dorrwyd y berthynas rhyngddynt a Duw, a rhyngom ni a Duw. Ym mhenodau Genesis fe welwn y canlyniadau yn eu bywydau ac ym mywydau eu disgynyddion, yn glir. Ac erbyn cyfnod Noa fe ddarllenwn fod y byd i gyd wedi ei lygru â phechod:

"Aeth y ddaear yn llygredig gerbron Duw, ac yn llawn trais. A gwelodd Duw fod y ddaear yn llygredig, am fod bywyd pob peth byw ar y ddaear wedi ei lygru." (Gen 6 adn 11-13).

Ond yr oedd un dyn a oedd yn rhodio gyda Duw:

"...Gŵr cyfiawn oedd Noa, perffaith yn ei oes; a rhodiodd Noa gyda Duw" (Gen 6 adn 9). Am hynny fe achubwyd ef a'i deulu. Fe gredodd Noa yn Nuw ac ymddiried ynddo.

Efallai y cofiwn iddi lawio am ddeugain dydd a deugain nos, ond wedi hynny fe barhaodd y dyfroedd am gant a hanner o ddyddiau (Gen 7 adn 24). Ac wedi'r holl amser fe fu raid iddynt aros am arwydd fod bywyd wedi ail-ddechrau ar y ddaear- un ddeilen olewydd newydd.

Gweddi: Arglwydd Dduw, wrth ddarllen gwir hanes y dilyw fe sylweddolwn na elli di fod mewn perthynas â ni bechaduriaid. Dros yr wythnosau nesaf helpa ni i ddeall mwy am dy sancteiddrwydd, a phwysigrwydd dy benderfyniad i anfon dy Fab Iesu Grist i'n hachub rhag canlyniadau ein pechodau. Dyro i ni hefyd yr amynedd i ymddiried ac aros fel Noa. Yn enw Iesu Grist, Amen.

Derw Mamre
Genesis 18 adn 1- 5

Ymddangosodd yr ARGLWYDD i Abraham wrth dderw Mamre, pan oedd yn eistedd wrth ddrws y babell yng ngwres y dydd. Cododd ei olwg a gwelodd dri gŵr yn sefyll o'i flaen. Pan welodd hwy, rhedodd o ddrws y babell i'w cyfarfod, ac ymgrymu i'r llawr, a dweud: "F'arglwydd, os cefais ffafr yn d'olwg, paid â mynd heibio i'th was. Dyger ychydig ddŵr, a golchwch eich traed a gorffwyso dan y goeden, a dof finnau â thamaid o fara i'ch cynnal, ac wedyn cewch fynd ymaith; dyna pam yr ydych wedi dod at eich gwas."

Dychmygwch y sefyllfa. Mae'n ganol dydd yng nghanol bryndir Jwda. Mae Abraham; bellach yn hen ddyn; yn gorffwys yn nrws ei babell, pan wêl dri dyn ger y goeden dderw. Mae'n siŵr fod ei gorff wedi cyffio wrth eistedd cyhyd yn y gwres llethol, ond y mae'n codi o'i unfan ac yn *rhedeg* at y tri.

    Efallai nad dyna'r ymateb mwyaf tebygol y byddai rhywun yn ei ddisgwyl o ystyried oedran Abraham a'r gwres! Ond fe redodd at y tri a syrthio i'r llawr i'w cyfarch - a chyfarch un ohonynt yn benodol. Mae'n anodd dweud a sylweddolodd Abraham mai'r Arglwydd oedd un o'r tri pan welodd hwy o ddrws y babell, ond erbyn iddo gyrraedd mae'n amlwg ei fod wedi adnabod ei Arglwydd. Fe baratodd wledd ar eu cyfer, a thra'r oeddent yn ymlacio o dan dderw Mamre, fe safodd Abraham gerllaw hyd nes iddynt orffen bwyta, cyn eu hebrwng ar eu taith.

    Tybed a ydym ni mor barod i estyn lletygarwch at Dduw a'n cyd-ddyn? Yn wir, a fyddem ni'n adnabod ein Harglwydd? Mae'n ddigon tebyg na chawn ni'r cyfle i gynnig lletygarwch Iddo o dan goeden yn ein gardd, ond yn efengyl Matthew mae Iesu yn ein hatgoffa o'n dyletswydd i gymryd gofal o'r newynog a'r tlawd, y rhai sy'n sâl a noeth, a'r carcharorion. A hynny, oherwydd: ". . . rwy'n dweud wrthych, yn gymaint ag ichwi ei wneud i un o'r lleiaf o'r rhain, fy nghymrodyr, i mi y gwnaethoch" (Matthew 25 adn 40). Y mae neges Iesu ac esiampl Abraham yn glir, ac fe'u crynhoir yn llyfr yr Hebraeaid: "Bydded i frawdgarwch barhau. Peidiwch ag anghofio lletygarwch, oherwydd trwyddo y mae rhai, heb wybod hynny, wedi rhoi llety i angylion" (Hebreaid 13 adn1-2). Wedi'r cwbl dyna a wnaeth Lot yn y bennod nesaf o lyfr Genesis.

Gweddi: O Arglwydd, diolch am esiampl Abraham a'i barodrwydd i gynnig lletygarwch i Ti, er gwaethaf y gwres anghyfforddus a'r gwaith o baratoi. Helpa ni i'th adnabod Di yn y byd o'n cwmpas a dyro i ni'r dewrder i ofyn am sefyllfaoedd fel yr un dan Dderw Mamre i gynnig lletygarwch i Ti. Amen.

Y Dderwen ger Sichem

Gen 35 adn 1 - 4

Dywedodd Duw wrth Jacob, "Cod, dos i fyny i Fethel, ac aros yno; a gwna yno allor i'r Duw ymddangosodd iti pan oeddit yn ffoi rhag dy frawd Esau." Yna dywedodd Jacob wrth ei deulu a phawb oedd gydag ef, "Bwriwch ymaith y duwiau dieithr sydd yn eich mysg, ac ymlanhau, a newid eich dillad. Codwn ac awn i fyny i Fethel, er mwyn imi wneud allor yno i'r Duw a'm gwrandawodd yn nydd fy nghyfyngder, ac a fu gyda mi ar fy nhaith. Felly rhoesant i Jacob yr holl dduwiau dieithr oedd yn eu meddiant a'r modrwyau oedd yn eu clustiau, a chuddiodd Jacob hwy dan y dderwen ger Sichem.

Efallai y gwyddoch am hanes Jacob ac Esau - meibion Issac a wyrion Abraham. Efallai cofiwch y digwyddiad pan werthodd Esau ei enedigaeth-fraint i'w frawd Jacob am fowlen o gawl! Wedi hynny fe dwyllwyd Issac, gan ei wraig a Jacob, pan fendithiodd Jacob yn lle Esau y cyntafanedig. Ffodd Jacob rhag Esau ac ar ei ffordd i Haran fe gafodd freuddwyd a siaradodd Duw ag ef. Wedi deffro fe roddodd yr enw Bethel i'r man lle y gorweddodd a gwneud adduned. Flynyddoedd yn ddiweddarach, siaradodd Duw â Jacob eto mewn breuddwyd: "Myfi yw Duw Bethel, lle'r eneiniaist golofn a gwneud adduned i mi. Yn awr cod, dos o'r wlad hon a dychwel i wlad dy enedigaeth." Wrth ddychwelyd fe gyfarfyddodd Jacob ac Esau ac wedi hynny fe gawn yr adnodau uchod.

Drwy gydol ei amser ymhell o'i gartref yr oedd Duw gyda Jacob ac fe welodd bopeth a ddigwyddodd iddo (31 adn 12). Mae Duw yn driw i'w addewidion ac yr oedd yn driw i'r hyn a addawodd yn y freuddwyd honno ym Methel:
"Wele, yr wyf fi gyda thi, a chadwaf di ple bynnag yr ei, a dof â thi'n ôl i'r wlad hon; oherwydd ni'th adawaf nes imi wneud yr hyn a ddywedais" (25 adn 15).

Duw Jacob ac Abraham ac Issac yw ein Duw *ni* hefyd ac mae Ei addewidion yn driw i ni heddiw. Ond fel y gwelwn yn yr adnodau o'n blaen mae angen i ni baratoi ein hunain, a chael gwared o'r pethau hynny sy'n dod rhyngom â Duw. O dan y dderwen ger Sichem fe gladdwyd duwiau pobl Jacob. Does dim cofnod o'u teimladau ond mae'n ddigon posib fod rhai ohonynt yn ofnus wrth eu claddu. Wedi'r cwbl mae'n siŵr fod rhai wedi rhoi eu ffydd yn nwylo'r duwiau yma neu'n eu trin fel gwrthrychau lwc dda. Ond beth bynnag oeddent, a beth bynnag ydi'r pethau hynny sydd gennym ni; er nad ydynt o angenrheidrwydd yn bethau drwg (fel clustdlysau!); os ydynt yn ein rhwystro rhag rhoi ein holl ffydd yn Nuw maent felly yn ein rhwystro rhag byw a mwynhau bywyd fel yr oedd Duw wedi ei gynllunio ar ein cyfer. Bywyd gydag Ef wrth y llyw a ninnau'n medru ymddiried ynddo ym mhob agwedd o'n bywydau.

Dydi aberthu a chael gwared ar bethau yr ydym wedi rhoi ein ffydd ynddynt ddim bob amser yn beth hawdd. Gwelwn yma fod yr holl bobl wedi cael gwared ar eu duwiau dieithr hwy gyda'i gilydd. Efallai bod y syniad o wneud hyn yng nghwmni pobl eraill yn beth mwy ofnus fyth. Ond mae Cristnogion yn cael eu galw i fyw fel cymdeithas ac i helpu ei gilydd. Wrth ofyn am gymorth, a rhannu'r pethau hynny sy'n ein rhwystro rhag rhoi ein ffydd yn llwyr yn Nuw, mae'n ddigon posibl y cawn ein synnu fod gymaint o bobl eraill yn ceisio delio â'r un duwiau dieithr.

Gweddi:

O Arglwydd, rydym ni eisiau rhoi ein ffydd yn llwyr ynot Ti ond mor aml rydym yn rhoi ein ffydd mewn 'duwiau' eraill. Helpa ni i adnabod y duwiau eraill yma er mwyn i ni fedru cael gwared ohonyn nhw fel y gwnaeth pobl Jacob o dan y dderwen. Dyro i ni bobl a fydd yn deall ein hymdrechion a phobl y gallwn ymddiried ynddynt a chyd-gerdded gyda hwy. Yn enw dy fab Iesu Grist. Amen.

Fflam yn y Berth

Exodus 3 adn 1

Yr oedd Moses yn bugeilio defaid ei dad-yng-nghyfraith Jethro, offeiriad Midian, ac wrth iddo arwain y praidd ar hyd cyrion yr anialwch, daeth i Horeb, mynydd Duw . . .

Ydw i'n gweld pethau? Falle mod i wedi cael gormod o haul heddiw. Mae na berth ar dân acw. Mae hi mor boeth! Mae'n siŵr mai'r haul gynnodd y fflam ond dwi heb weld tân fel nacw o'r blaen. Dwi'n meddwl a i'n agosach - er dwi'n gobeithio wnaiff y defaid 'ma ddim yn nilyn i. Fydda nhw'i gyd â'u trwynau ynddo y cyfle cyntaf gawn nhw, dim ond i un fentro...

. . . Na fyddan nhw'n ddigon saff am ddau funud . . .

Wel wir, am beth rhyfedd. Sut nad ydi'r brigau wedi dechrau llosgi a'r fflâm mor gryf? Tybed os cyffyrdda i ag o...

"Moses, Moses"

"iiii...eeee... Dyyy... mmm... aaa... fi!"

O be dwi'n neud? Nid yn unig ydw i'n gweld pethau od, ond dwi'n clywed pethe rŵan - a dwi'n ateb!? Ffŵl gwirion. Wir yr, llais o ganol perth - sydd ar dân - ond sydd ddim yn llosgi... Dwi angen eistedd a gorffwys...

"Paid â dod dim nes; tynna dy esgidiau oddi am dy draed, oherwydd y mae'r llecyn yr wyt yn sefyll arno yn dir sanctaidd."

"Pwy sydd yma?" "Pa dir Sanctaidd?"
Dwi'n cerdded yma'n aml...wel falle nad y llecyn yma'n benodol, ond digon agos... A ma' dan draed mor boeth yn enwedig yng nghanol y dydd – a ma'r fflam yn tyfu... fydda i'n siŵr o losgi nhraed? O diar, ond falle ca i'n llosgi os ydw i'n anufudd... O pwy wyt ti?

"Duw dy dadau wyf fi. Duw Abraham, Duw Issac a Duw Jacob."

DUW?
DUW ABRAHAM..ISSAC....JACOB...yma? YMA RŴAN yn siarad efo fi? O fedra i'm edrych....

Tybed sut y byddwn ni'n ymateb yn sefyllfa Moses?

Wrth ddarllen gweddill y bennod fe glywn Moses, bob cyfle, yn rhestru yr holl anawsterau i gynllun Duw i ryddhau Israel. Yr oedd fel petai wedi anghofio am natur Duw ei dadau – a hynny er gwaethaf yr hyn a welodd, ac mai Duw'r bydysawd oedd yn ei gyfarch. Yn hytrach na chofio am fawredd a gallu Duw i weithio er gwaethaf ei wendidau, yr oedd wedi ymgolli yn ei wendidau a'i ofnau dynol. Ydym ni weithiau yn gwneud yr un peth?

Gweddi:
O Arglwydd Dduw, wrth ddarllen llyfr Exodus fe welwn fod Moses wedi ufuddhau i'th alwad yn y diwedd. Fe ganolbwyntiodd ef ar anawsterau, ond fe fuest yn drugarog tuag ato a'i alluogi i gwblhau'r gwaith a roddaist iddo. Helpa ni hefyd i anghofio am yr anawsterau a'n gwendidau, a chofio yn hytrach am dy natur, a'th bŵer, a'th ras. Yn enw dy fab Iesu Grist, Amen.

Deg a Thrigain o Balmwydd

Exodus 15 adn 27

Yna daethant i Elim, lle'r oedd deuddeg ffynnon ddŵr, a deg a thrigain o balmwydd: a buont yn gwersylla yno wrth y dŵr.

Y mae Israel yn rhydd! Wedi blynyddoedd o ormes a chaethiwed wrth law Pharo yn yr Aifft, ac wedi byw trwy ddiheubrawf y deg pla, maent wedi croesi'r Môr Coch ac yn rhydd! Ond doedd bywyd ddim yn hawdd hyd yn oed ar ôl croesi'r môr. Wedi tridiau heb ddŵr (15 adn 22) a dim sôn am fwyd fel y cawsant yn yr Aifft, darllenwn fod y bobl wedi cael llond bol ar eu bywyd newydd yn barod.

Er gwaethaf profi gofal a chariad Duw, a gweld y colofnau niwl a thân o'u blaenau fel arwydd o'i bresenoldeb, roedd yr Israeliaid yn ei chael hi'n anodd i gredu y byddai Duw yn gofalu amdanynt: "O na fyddai'r ARGLWYDD wedi gadael inni farw yng ngwlad yr Aifft, lle'r oeddem yn cael eistedd wrth y crochanau cig a bwyta ein gwala o fwyd; ond yr ydych chwi (Moses ac Aaron) wedi ein harwain allan yma i'r anialwch er mwyn lladd y dyrfa hon i gyd â newyn" (16 ad 3).

Ond nid dyna oedd cynllun Duw. Fe roddodd ddŵr glân iddynt ac anfon digon o fanna i'w bwydo bob dydd. Dwy wyrth arall ar gyfer Ei bobl. Ac fe roddodd iddynt anrheg arall – y cyfle i orffwys. O dan ddeg a thrigain o balmwydd, yng nghanol yr anialwch, fe roddodd Duw ddŵr a chysgod i'w bobl gael gwersylla.

Fe all bywyd deimlo fel profiadau'r Israeliaid weithiau. Neu falle bod eich bywyd wedi bod yn gyfres o gyfnodau a digwyddiadau anodd, ac wrth i chi geisio dal eich gwynt fe glywch filwyr yr Aifft ar eich sodlau. Gall y dasg o'ch blaen edrych mor amhosibl â cheisio croesi'r Môr Coch, ac wedi hynny i gyd, does gennych chi mo'r ynni na'r adnoddau i ddal ati.

Ond dydi Duw ddim yn disgwyl i ni fyw bywyd hebddo Ef. Dydi o ddim yn addo bywyd heb anawsterau a threialon, ond ar bob cam o'r ffordd mae'n addo bod yno gyda ni. Ac y mae am i ni orffwys. Fe orffwysodd Ef ar y seithfed dydd wedi creu'r byd. Do, fe orffwysodd

Duw - a hynny i'n dysgu ni am bwysigrwydd gorffwys. Yr oedd yr Israeliaid ar daith a fyddai'n para 40 mlynedd, ac fe wyddent beth fyddai ar ben y daith – eu gwlad eu hunain 'yn llifeirio o lefrith a mêl'. Ond, roedd Duw am iddynt orffwys tra'r oeddent ar eu taith yno hefyd. Ac fe ddylwn ninnau hefyd.

Gweddi:

O Dad, mae meddwl am orffwys yn beth mor estron i rai ohonom ac efallai yn codi ofn arnom. Mae amser fel petai mor brin, ein cyfrifoldebau mor aml yn ein rhwystro rhag gorffwys o gwbl yn ystod yr wythnos, a dim sôn am werddon yn ein bywydau prysur. Ond rwyt Ti'n ein dysgu bod angen i ni orffwys ar ein taith. Gwyddwn y cawn fod yn y Nefoedd gyda Thi ar ddiwedd ein taith ar y ddaear, ond helpa ni i orffwys yma hefyd. Dangosa i ni sut y gallwn wneud hynny yng nghanol ein hamserlenni prysur a dyro i ni'r dewrder i fod yn llonydd. Amen

Gwinwydd, ffigys a phomgranadau...

Deuteronomium 8 adn 6-10

Cadwch orchmynion yr ARGLWYDD eich Duw trwy rodio yn ei ffyrdd a'i barchu; oherwydd y mae'r ARGLWYDD eich Duw yn dod â chwi i wlad dda, gwlad ac ynddi ffrydiau dŵr, ffynhonnau, a chronfeydd yn tarddu yn y dyffrynnoedd ac ar y mynyddoedd; gwlad lle mae gwenith a haidd, gwinwydd, ffigys a phomgranadau, olewydd a mêl; gwlad lle cewch fwyta heb brinder, a lle ni bydd arnoch angen am ddim; gwlad y mae ei cherrig yn haearn a lle y byddwch yn cloddio copr o'i mynyddoedd. Wedi ichwi fwyta a chael digon, byddwch yn bendithio'r ARGLWYDD eich Duw am y wlad dda y mae'n ei rhoi ichwi.

Yn y myfyrdod ddoe, a fu'n edrych ar daith yr Israeliaid, gwelsom bwysigrwydd gorffwyso ar y daith. Ond fe gyffyrddwyd hefyd â'r hyn a oedd yn eu haros ar ben eu taith - gwlad a fyddai'n 'llifeirio o lefrith a mêl'.

Wrth ddarllen yr adnodau uchod, efallai y daw Gardd Eden a'r byd y creodd Duw ar ein cyfer, i'r cof (Gen 1 & 2). Mor wahanol ydi'r byd heddiw. Ond y mae gan Dduw gynllun i ninnau heddiw, a gobaith ar gyfer diwedd ein taith ar y ddaear. Fe ddarllenwn yn y Beibl bod Nefoedd yn bodoli a bod Iesu yn paratoi lle (Ioan 14 adn 2) i bob un ohonom sy'n credu ynddo Ef fel Iachawdwr. Nid cynllun munud olaf ydoedd chwaith: 'Yna fe ddywed y Brenin wrth y rhai ar y dde iddo, 'Dewch, chwi sydd dan fendith fy Nhad, i etifeddu'r deyrnas a baratowyd ichwi er seiliad y byd." (Mathew 25 adn 34).

Efallai fod y daith ar y ddaear yn un anodd ar hyn o bryd, neu efallai fod bywyd yn eithaf hawdd ac nad ydych wedi meddwl llawer am ben y daith, ond y mae terfyn ar ein bywydau i gyd, ac os credwn y Beibl fe gredwn y daw Dydd y Farn. Do, mae Iesu Grist wedi paratoi lle i ni gael trigo gydag Ef ar ôl i ni farw ond y mae hefyd yn ein rhybuddio na fydd pawb yn mynd i mewn i deyrnas nefoedd (Luc 13 adn 25-27). Fe ddywedodd Iesu mai drwyddo Ef yn unig y gallwn etifeddu bywyd tragwyddol yn y Nefoedd (Ioan 14 adn 6 - 7) ac y mae'r gwahoddiad yno ar ein cyfer ni i gyd. Ond mae'n rhaid i ni ofyn amdano. Os hoffech chi wybod sut, ewch i gefn y llyfr hwn a darllenwch '*Mentro*'.

Os ydych wedi derbyn Iesu Grist fel eich Hiachawdwr, ac yn ceisio rhodio yn ffyrdd Duw, y mae Ef yn addo y byddwch yn mwynhau bywyd tragwyddol gydag Ef. Ond mor hawdd ydi anghofio am ben y daith wrth i ni ganolbwyntio ar ein taith daearol. Mor aml rydw i wedi grwgnach a chwestiynu Duw ar hyd rhai rhannau o'r daith, fel y gwnaeth yr Israeliaid, ond mae diwedd y daith yn ffaith, a bodolaeth Nefoedd ac Uffern yn ffeithiau hefyd. Felly, beth bynnag a ddywed ein teimladau a'n hemosiynau, ac er gwaethaf y math o daith a gawn ar y ddaear, fe ddaw'r diwedd rhyw ddydd.

Gweddi: O Arglwydd Dduw, mae meddwl am ben y daith yn medru bod yn anodd, yn enwedig pan rydym mor brysur yn ceisio byw bob dydd ar ein taith ar y ddaear. Helpa ni i ddeall mwy am bwysigrwydd pen y daith a pham y daeth Iesu Grist i'n hachub. Diolch Dy fod wedi paratoi lle i ni ar ddiwedd ein pererindod. Yn Enw dy fab Iesu Grist, Amen.

Y Dderwen yn Offra

Barnwyr 6 adn 1, 11-16

Gwnaeth yr Israeliaid yr hyn oedd ddrwg yng ngolwg yr ARGLWYDD, a rhoddodd yr ARGLWYDD hwy yn llaw Midian am saith mlynedd...Daeth angel yr ARGLWYDD ac eistedd dan y dderwen yn Offra, a oedd yn perthyn i Joas yr Abiesriad. Yr oedd ei fab, Gideon, yn dyrnu gwenith mewn gwinwryf, i'w guddio rhag Midian. Ymddangosodd angel yr ARGLWYDD iddo a dweud wrtho, "Y mae'r ARGLWYDD gyda thi, ŵr dewr." Atebodd Gideon ef, "Ond, syr, os yw'r ARGLWYDD gyda ni, pam y mae hyn i gyd wedi digwydd inni? A phle mae ei holl ryfeddodau y soniodd ein hynafiaid amdanynt, a dweud wrthym, ' Oni ddygodd yr ARGLWYDD ni i fyny o'r Aifft?' Erbyn hyn y mae'r ARGLWYDD wedi'n gadael, a'n rhoi yng ngafael Midian." Trodd angel yr ARGLWYDD ato a dweud, "Dos, gyda'r nerth hwn sydd gennyt, a gwared Israel o afael Midian; onid wyf fi yn dy anfon?" atebodd yntau, "Ond syr, sut y gwaredaf fi Israel? Edrych, fy nhylwyth i yw'r gwanaf yn Manasse, a minnau yw'r distatlaf o'm teulu." Yna dywedodd yr ARGLWYDD wrtho, "Yn sicr byddaf fi gyda thi, a byddi'n taro'r Midianaid fel pe baent un gŵr."

Wrth astudio'r Hen Destament gellir dadlau fod hanes yn cael ei ail-adrodd dro ar ôl tro. Ond mae Duw a'i gynllun yn aros yr un fath. Roedd yn caru'r Israeliaid ac yn barod i'w hachub bob tro. Yna yn y Testament Newydd fe welwn benderfyniad Duw i ddelio â phechod unwaith ac am byth, yn dod i benllanw. Ers i'r proffwydi sôn am y Meseia mae Duw wedi parhau i ail-adrodd Ei neges o lawenydd mawr i achub dynol ryw, ac mae'n dal i'w hadrodd yn y 21 ganrif.

Yn yr adnodau yma fe glywn y neges yn cael ei hadrodd i'r Israeliaid:

... 'Myfi a ddaeth â chwi i fyny o'r Aifft, a'ch rhyddhau o dŷ'r caethiwed; achubais chwi o law'r Eifftiaid a phawb oedd yn eich gormesu, a'u gyrru allan o'ch blaen, a rhoi eu tir ichwi. Dywedais wrthych: Myfi yw'r

ARGLWYDD, eich Duw; peidiwch ag ofni duwiau'r Amoriaid yr ydych yn byw yn eu gwlad. Ond ni wrandawsoch arnaf." (Barnwyr 6 adn 8-10)

Er gwaethaf pob peth yr oedd Duw wedi ei wneud dros Ei bobl, fe droasant oddi wrtho a'i anwybyddu. Fe gawsant wyrthiau; fe welsant y Môr Coch yn ymrannu o'u blaenau; fe gawsant fanna o'r nefoedd yn yr anialwch; ac fe gyrhaeddasant ben eu taith. Ac er gwaethaf hyn oll, ni roddasant eu ffydd yn Nuw.

Tybed a welwch unrhyw nodweddion yn yr adnodau hyn sy'n debyg i'r rheiny a gawsom dros yr wythnos ddiwethaf? Efallai y cawsoch eich taro gan debygrwydd ymateb Gideon a Moses, gyda'r ddau yn canolbwyntio ar eu gwendidau ac yn credu bod eu tasg yn amhosibl. Efallai y gwelsoch debygrwydd rhwng ymateb Gideon ac Abraham hefyd. Ond fel y ddau arall, fe fu Gideon yn ufudd i alwad Duw.

Gweddi: O Dad, diolch am dy barodrwydd i faddau i ni a'n hachub rhag canlyniadau ein pechodau. Weithiau mae'n anodd dirnad pam nad oedd yr Israeliaid yn cadw dy orchmynion ac yn credu ynot yn llwyr ar ôl iddynt weld a phrofi dy wyrthiau a'th ofal. Ond mae gennym ni dy holl Air a ffeithiau atgyfodiad Iesu Grist yn dystiolaeth o'th gariad a'th ofal - ac eto rydym ninnau hefyd yn dy anwybyddu yn aml. Helpa ni i ddeall dy fod wedi delio â'n pechodau a dy fod yn aros i ni droi yn ôl atat ti. Yn enw dy Fab, a fu farw ar ein rhan, Amen.

Y Coed yn Dewis Brenin

Barnwyr 9 adn 6-15

Yna daeth holl benaethiaid Sichem a phawb o Beth-milo ynghyd, a mynd a gwneud Abimelech yn frenin, ger y dderwen a osodwyd i fyny yn Sichem. Pan ddywedwyd hyn wrth Jotham, fe aeth ef a sefyll ar gopa Mynydd Garisim a gweiddi'n uchel. Meddai wrthynt, "Gwrandewch arnaf fi, chwi benaethiaid Sichem, er mwyn i Dduw wrando arnoch chwithau. Daeth y coed at ei gilydd i eneinio un o'u plith yn frenin. Dywedasant wrth yr olewydden, 'Bydd di yn frenin arnom.' Ond atebodd yr olewydden, 'A adawaf fi fy mraster, yr anrhydeddir Duw a dynion trwyddo, a mynd i lywodraethu ar y coed?' Yna dywedodd y coed wrth y ffigysbren, 'Tyrd di; bydd yn frenin arnom.' Atebodd y ffigysbren, 'A adawaf fi fy melystra a'm ffrwyth hyfryd, a mynd i lywodraethu ar y coed?' Dywedodd y coed wrth y winwydden, 'Tyrd di; bydd yn frenin arnom.' Ond atebodd y winwydden, 'A adawaf fi fy ngwin melys, sy'n llonni Duw a dyn, a mynd i lywodraethu ar y coed?' Yna dywedodd yr holl goed wrth y fiaren, 'Tyrd di; bydd yn frenin arnom.' Ac meddai'r fiaren wrth y coed, 'Os ydych o ddifrif am f'eneinio i yn frenin arnoch, dewch a llochesu yn fy nghysgod. Onid e, fe ddaw tân allan o'r fiaren a difa cedrwydd Lebanon.'

Y mae Gideon wedi marw, a'i fab Abimelech wedi llofruddio ei holl frodyr; ar wahân i Jotham - a lwyddodd i ddianc; i gael bod yn arweinydd. Mae'n anodd gwybod os mai barnwr neu frenin ydoedd Abimelech, ond ni chafodd ei eneinio gan Dduw. Wedi marwolaeth Gideon fe drodd Israel ei chefn ar Dduw unwaith eto ac anghofio am yr hyn a wnaeth drwy Gideon.

Dyma ddehongliad un Beibl astudio.[2] Y mae'r coed yn y ddameg yn cynrychioli 70 o feibion Gideon, ac Abimelech ydi'r fiaren. Y mae Jotham yn amlygu fod pobl weithgar yn rhy brysur i fod yn ymwneud â phŵer gwleidyddol. Ond fyddai rhywun di-werth yn fwy na bodlon i dderbyn yr anrhydedd, er na allai roi diogelwch na sicrwydd i'w bobl, ac yn sicr o ddinistrio'r cyfan. Yn wir, dyna a ddigwyddodd.

Tra'r oedd Gideon yn fyw fe ofynodd yr Israeliaid iddo ef, a'i ddisgynyddion i lywodraethu drostynt. Ond dyma oedd ymateb Gideon: "Nid myfi na'm mab fydd yn llywodraethu arnoch; yr ARGLWYDD fydd yn llywodraethu arnoch" (Barnwyr 8 adn 23).

Fe gafodd yr Israeliaid eu gwir frenin cyntaf, Saul, tua 200 mlynedd yn ddiweddarach, ond unwaith eto fe'i cafwyd ar ôl ymbilio am frenin yn hytrach na gadael i Dduw eu harwain:
 Galwodd Samuel y bobl at yr ARGLWYDD i Mispa, a dywedodd wrth yr Israeliaid, "Fel hyn y dywed yr ARGLWYDD, Duw Israel: Myfi a ddaeth ag Israel i fyny o'r Aifft, a'ch achub o law yr Eifftiaid a'r holl deyrnasoedd a fu'n eich gorthrymu. Ond heddiw yr ydych yn gwrthod eich Duw, a fu'n eich gwaredu o'ch holl drueni a'ch cyfyngderau, ac yn dweud wrtho, "Rho inni frenin"[1] (1 Sam 10 ad17-19).

Gweddi: Wrth ddarllen am hanes yr Israeliaid fe welwn eu bod wedi troi yn Dy erbyn a chwilio am arweinydd o'u plith sawl tro. Helpa ni i ddysgu oddi wrth gamgymeriadau'r gorffennol ac ystyried y canlyniadau pan drown oddi wrthyt. Gad i ni gofio mai Ti ydi'n brenin ymhob sefyllfa a thrwy gydol ein hoes. Yn Enw Iesu Grist, Amen.

69

Fel Olewydden Iraidd

1 Samuel 22 adn 5-11, 18-20

Yna dywedodd y proffwyd Gad wrth Ddafydd, "Paid ag aros yn y lloches, dos yn ôl i dir Jwda." Felly aeth Dafydd i Goed Hereth. Clywodd Saul fod Dafydd a'r gwŷr oedd gydag ef wedi dod i'r golwg, ac yr oedd yntau ar y pryd yn Gibea, yn eistedd dan bren tamarisg ar y bryn â'i waywffon yn ei law, a'i weision yn sefyll o'i gwmpas. Ac meddai Saul wrth y gweision o'i gwmpas, 'Gwrandewch hyn, dylwyth Benjamin. A fydd mab Jesse yn rhoi i bob un ohonoch chwi feysydd a gwinllannoedd, a'ch gwneud i gyd yn swyddogion ar filoedd a channoedd? Er hynny yr ydych i gyd yn cynllwyn yn f'erbyn. Nid ynganodd neb air wrthyf pan wnaeth fy mab gyfamod â mab Jesse. Nid oedd neb ohonoch yn poeni amdanaf fi, nac yn yngan gair wrthyf pan barodd fy mab i'm gwas godi cynllwyn yn f'erbyn fel y gwna heddiw." Yna atebodd Doeg yr Edomiad, a oedd yn sefyll gyda gweision Saul, a dweud, "Mi welais i fab Jesse'n dod i Nob at Ahimelech fab Ahitub. Ymofynnodd yntau â'r ARGLWYDD drosto, a rhoi bwyd iddo; a rhoes iddo hefyd gleddyf Goliath y Philistiad. Anfonodd y brenin am yr offeiriad Ahimelech fab Ahitub a'i deulu i gyd, a oedd yn offeiriad yn Nob, a daethant oll at y brenin...

...Yna dywedodd y brenin wrth Doeg, "Tro di a tharo'r offeiriaid." Fe droes Doeg a tharo'r offeiriaid; a'r diwrnod hwnnw fe laddodd bump a phedwar ugain o wŷr yn gwisgo effod liain. Yn Nob hefyd, tref yr offeiriaid, trawodd â'r cleddyf wŷr a gwragedd, plant a babanod, a hyd yn oed yr ychen, asynnod a defaid. Ond dihangodd un mab i Ahimelech fab Ahitub, o'r enw Abiathar; a ffodd at Ddafydd.

Roedd y berthynas rhwng Saul a Dafydd yn un anodd ac wedi'i heffeithio'n ddrwg gan genfigen y cyntaf. Ef oedd brenin cyntaf Israel a apwyntiwyd gan Dduw. Ond ni ddilynodd Saul ganllawiau Duw ac yn llyfr cyntaf Samuel (15 adn 22-3) fe wrthododd Duw ef fel brenin. Wedi i Dafydd glywed am yr hyn a wnaeth Doeg i'r offeiriaid fe ysgrifennodd Salm 52. Ynddo mae Dafydd yn myfyrio ar yr hyn a wnaeth Doeg. Ond y mae hefyd yn cofio am ofal Duw dros y cyfiawn:

"Ond yr wyf fi fel olewydden iraidd yn nhŷ Dduw;
ymddiriedaf yn ffyddlondeb Duw byth bythoedd." (adn8)

Mae ymateb Dafydd yn debyg i ymateb Job ar ôl iddo golli sawl aelod o'i deulu. Mae'r ddau yn troi yn ôl at Dduw, ac yn atgoffa eu hunain o natur Duw a'i addewidion. Y mae Saul wedi rhoi'r awdurdod i ladd offeiriaid Duw. Y mae Dafydd yn awr mewn perygl (1 Sam 22 adn 22). Ond ei ymateb ef oedd troi ei olygon at Dduw ac addo gofalu am fab Ahimelech. Am ymateb! A fyddwn ni'n ymateb yn yr un ffordd? Efallai pe byddai'n bywydau mewn perygl y trown at Dduw mewn llwyr anobaith. Ond a welwn ein hunain fel olewydden iraidd - coeden werdd, ysblennydd, gref, yn tyfu yn nhŷ Duw? Mae'n anhebygol mai dyma'r ddelwedd a fyddai'n dod i'n meddwl a ninnau mewn sefyllfa mor anobeithiol. Ond y mae Dafydd yn ymddiried yng ngofal Duw, yn hytrach nag yn ei nerth ei hun wrth wynebu y sefyllfa o'i flaen.

Gweddi: O Arglwydd mae dy addewidion a'th natur yr un fath heddiw ag yr oeddent yn nyddiau Dafydd. Fe amddiffynaist Ti ef ac fe ddaeth yn frenin dros Israel. Helpa ni i dyfu yn ein ffydd ynot Ti a dysga ni i ymddiried yn Dy nerth a'th gyfiawnder. Helpa ni i ymateb fel Dafydd ym mhob sefyllfa y byddwn yn ei hwynebu. Yn enw dy Fab Iesu Grist, Amen.

Ym Mrig y Morwydd

2 Samuel 5 adn 22-25

Ymosododd y Philistiaid unwaith eto, ac ymledu dros ddyffryn Reffaim. Ymofynnodd Dafydd â'r ARGLWYDD a chael yr ateb, "Paid â mynd i fyny, dos ar gylch i'r tu cefn iddynt, a thyrd atynt gyferbyn â'r morwydd. Yna, pan glywi sŵn cerdded ym mrig y morwydd, dos yn dy flaen, oherwydd yr adeg honno bydd yr ARGLWYDD yn mynd allan o'th flaen i daro gwersyll y Philistiaid." Gwnaeth Dafydd hynny, fel y gorchmynnodd yr ARGLWYDD, a tharo'r Philistiaid o Geba hyd gyrion Geser.

Mae Dafydd bellach yn frenin dros Israel gyfan ac wedi i'r Philistiaid glywed ei fod wedi ei eneinio'n frenin fe aethant i chwilio amdano. Fe'u curwyd unwaith gan Dafydd ond fe ddychwelasant, ac yn yr adnodau hyn fe welwn Dafydd yn gofyn i'r ARGLWYDD am gyfarwyddyd. Fe ofynnodd Dafydd yr un peth pan glywodd fod y Philistiaid yn chwilio amdano y tro cyntaf a rhoddodd yr ARGLWYDD gyfarwyddiadau iddo bryd hynny. Ond y tro hwn y mae'n dweud wrtho i ddilyn tacteg wahanol.

Weithiau mae Duw yn rhoi cyfarwyddiadau a chanllawiau a all fod yn dra gwahanol i'w gilydd, wrth ddelio â sefyllfaoedd; cyfarwyddiadau a all swnio'n od ac afresymol ar adegau. Ystyriwch Gideon a aeth i frwydr gyda 300 o ddynion (Barnwyr 7). Ond a ydym ni'n gofyn am arweiniad yn y lle cyntaf? Mae'n ddigon posibl fod gan Dafydd syniadau a strategaeth ei hun i ymosod ar y Philistiaid. Ond ar y ddau achlysur yma y mae'n aros ac yn gofyn i Dduw am gymorth ac arweiniad.

Y tro hwn fe wrandawodd Dafydd ar Dduw a dilyn ei ganllawiau Ef. Tybed ydym ni'n barod i wrando ar Dduw ac aros am ei amseriad Ef? Mor hawdd fyddai i Dafydd a'i ddynion ymosod gyferbyn â'r morwydd heb aros i glywed y sŵn traed yn y canghennau. Ond dyna oedd yr arwydd fod Duw yn mynd o'u blaenau. Mae'r ddelwedd a geir yn yr adnodau hyn yn un bwerus ac fe'm hysgogwyd i'w defnyddio fel teitl i'r gyfrol hon. A ydym ni'n barod i ofyn am gymorth, ac yn fwy pwysig, i aros am yr ateb? I wrando'n astud ym mrig y morwydd, fel petai?

Gweddi: Arglwydd Dduw, diolch am ateb gweddïau Dafydd a'i arwain at fuddugoliaeth. Ond diolch hefyd am ei esiampl i ni, yn ddyn a ufuddhaodd ac a gydnabyddodd mai Ti a roddodd y fuddugoliaeth iddo. Helpa ni i ofyn i Ti am arweiniad ac i gael yr amynedd i aros hyd nes y daw'r amser i ni weithredu. Yn Enw Iesu Grist ein Harglwydd, Amen.

Llais yr ARGLWYDD yn dryllio cedrwydd
Salm 29 adn 1-5

Rhowch i'r ARGLWYDD, fodau nefol,
rhowch i'r ARGLWYDD ogoniant a nerth.
Rhowch i'r ARGLWYDD ogoniant ei enw;
ymgrymwch i'r ARGLWYDD yn ysblander ei sancteiddrwydd.
Y mae llais yr ARGLWYDD yn uwch na'r dyfroedd;
Duw'r gogoniant sy'n taranu;
y mae'r ARGLWYDD yn uwch na'r dyfroedd cryfion!
Y mae llais yr ARGLWYDD yn nerthol,
y mae llais yr ARGLWYDD yn ogoneddus.
Y mae llais yr ARGLWYDD yn dryllio cedrwydd;
dryllia'r ARGLWYDD gedrwydd Lebanon.

Dros y dyddiau diwethaf rydym wedi gweld sut y bu Dafydd yn ymddiried yn ei Dduw i'w arwain a'i achub pan oedd mewn perygl. Fe fuom ninnau hefyd yn gofyn i Dduw i'n helpu i ymddiried ynddo Ef fwy a fwy. Ond er mwyn medru ymddiried yn rhywun mae'n bwysig dod i'w hadnabod.

Pe gofynnwyd i bawb beth ydyw eu delwedd o Dduw mae'n ddigon posibl y canfyddwn sawl ateb gwahanol. Mae'n wir fod gan Dduw sawl agwedd i'w gymeriad, oll yn bwysig ac oll yn hanfodol. Ond tybed os oes gennym ni ddelwedd ohono sydd wedi ei llunio gan ein profiadau dynol? Ystyriwch y ddelwedd o Dduw fel ein Tad. Mae'n ddigon posibl ein bod yn meddwl yn gyntaf am ein tad daearol, a chan ddibynnu ar ein perthynas a'n hatgofion ohono ef, yr ydym yn trosglwyddo'r rhain ar Dduw. Efallai eu bod yn atgofion pleserus, a hapus, a diogel, ond efallai i rai nad ydynt. Credaf mai dyma un rheswm pwysig dros ddarllen y Beibl a threulio amser yn siarad efo ac yn gwrando ar Dduw. Wedi'r cwbl dyma sut yr ydym yn dod i adnabod ein ffrindiau a'n hanwyliaid! A dyma hefyd sut y mae ymddiriedaeth yn datblygu.

Yn y salm yma fe welwn Dafydd yn canu am nerth Duw ac am bŵer Ei lais. Yr un llais sy'n siarad drwy'r Beibl, ac sy'n siarad â ni yn ein breuddwydion a'n gweddïau, sydd hefyd yn medru dryllio cedrwydd Lebanon. A'r un llais ydyw a siaradodd â Dafydd, a Moses ac Abraham. Yn ei ras, fe glywn Ei lais yn siarad â ni yn y modd sydd orau i ni ar y pryd. Ystyriwch Elias, a ddarllenwn amdano mewn ychydig ddyddiau. Dyma sut y siaradodd Duw ag ef:

Yno aeth i ogof i aros, a daeth gair yr ARGLWYDD ato gan ddweud:... "Dos allan a saf ar y mynydd o flaen yr ARGLWYDD." A dyma'r ARGLWYDD yn dod heibio. Bu gwynt cryf nerthol, yn rhwygo mynyddoedd a dryllio creigiau, o flaen yr ARGLWYDD; nid oedd yr ARGLWYDD yn y gwynt. Ar ôl y gwynt bu daeargryn; nid oedd yr ARGLWYDD yn y ddaeargryn. Ar ôl y ddaeargryn bu tân; nid oedd yr ARGLWYDD yn y tân. Ar ôl y tân, distawrwydd llethol. Pan glywodd Elias, lapiodd ei wyneb yn ei fantell a mynd i sefyll yng ngenau'r ogof; a daeth llais yn gofyn iddo, "Beth a wnei di yma, Elias?" (*1 Brenhinoedd 19 adn 9, 11-13*)

Gweddi: Diolch Dduw am dy Air a'th Lais, sy'n gysur, yn ganllaw, yn ein calanogi, ac yn anad dim yn ein dysgu amdanat Ti. Dyro i ni'r dyfalbarhad i ddarllen dy Air ac i wrando'n astud am dy Lais bob dydd o'n hoes. Yn Enw Iesu Grist, Amen.

Y Planciau Ffynidwydd

1 Brenhinoedd 6 adn 1; 14-15; 29-30.

Yn y flwyddyn pedwar cant wyth deg ar ôl i'r Israeliaid ddod allan o wlad yr Aifft, ym mhedwaredd flwyddyn ei deyrnasiad ar Israel...dechreuodd Solomon adeiladu tŷ'r Arglwydd...Adeiladodd Solomon y tŷ a'i orffen; a byrddiodd barwydydd y tŷ ag ystyllod cedrwydd, a'u coedio o'r llawr hyd dulathau'r nenfwd, a llorio'r tŷ â phlanciau ffynidwydd...Cerfiodd holl barwydydd y cysegr mewnol o amgylch â lluniau cerwbiaid a phalmwydd a blodau agored, y tu mewn a'r tu allan...."

Pam na cha i fod yn rhan o'r arch - neu'r wal hyd yn oed? Does dim byd gwaeth na'r llawr. Dim ond rhywbeth i sathru arno fydda i. Dim byd hardd - a does neb wedi ceisio cerfio palmwydd a blodau arna i i drio ngwneud i'n fwy prydferth. O fyddai'n fwy hyll fyth ar ôl i Solomon orffen, a bydd pawb yn fy nghymharu i â'r gweddill. O, pam na allwn i aros yn y goedwig? Dwi'n gwybod mod i wedi cwyno a breuddwydio yn fanno hefyd, yn gweddïo am ryw bwrpas i'm mywyd. Ond nid bod yn rhan o lawr y Deml oedd fy uchelgais chwaith. O dydi bywyd ddim yn deg.

"Pam na wnei di gau dy geg yn lle cwyno ac ochneidio bob yn ail. Wir yr, fydde rhywun yn meddwl dy fod ti'n cael dy gosbi am rywbeth. Hoffet ti fod yn rhan o'r wal fel fi efo rhywun yn ymosod arnat ti bob dydd, yn trio cerfio darluniau i mewn i ti, i'th wneud yn fwy prydferth? Rwyt ti'n hardd fel wyt ti, yn sgleinio yng ngolau'r canhwyllau. Ond mae Solomon yn mynnu fy nhorri a tshipio ata i tan ei fod o'n hapus. Wyt ti wedi meddwl am hynny dywed?"

Hy, da chi'ch dau ddim yn gwybod eich geni. Fe fues i drwy'r ffwrnais er mwyn cael bod yma. Fe'm llosgwyd, fe'm plygwyd, fe'm llosgwyd eto, a'm newid tu draw i adnabyddiaeth cyn cael

dod yma. Ond dwi yma rŵan, a does dim lle arall yr hoffwn i fod.
Do, mi dalodd hi'n ddrud i gael bod yma, ac efallai nad dyna
oedd y diwedd, ond da ni gyd yma yng nghysegr mwyaf sanctaidd
tŷ yr Arglwydd Dduw. A hebddot ti lawr, a hebddot ti wal, ni allwn
i fod yma chwaith.

Tybed a oeddech chi'n uniaethu ag un o'r rhain, neu efallai y tri ohonynt, wrth ystyried eich bywyd Cristnogol? Mi wn fy mod i. Ond yr hyn a drawodd fi yn anad dim wrth ddarllen am Solomon yn adeiladu Tŷ'r Arglwydd, oedd y gwahanol goed a deunyddiau yr oedd eu hangen er mwyn cwblhau'r gwaith. Yn y Testament Newydd y mae Paul yn ein disgrifio ni fel gwahanol rannau o'r un corff (1 Corinthiaid 12 adnodau 12-31) ac yn esbonio fod lle a swydd i bob un ohonom.

Wedi cwblhau'r gwaith yn nhŷ'r Arglwydd fe gafodd yr holl lawr a'r waliau eu gorchuddio ag aur, fel y ddau gerwb o bren olewydd uwchben y cysegr (1 Bren 6 ad 30). Ac fe gawn ninnau hefyd ar ddiwedd ein taith, os credwn yn Iesu Grist fel ein Hiachawdwr, ein gorchuddio yng ngwisg iachawdwriaeth a mantell cyfiawnder (Eseia 61 adn 10).

Gweddi: O Dduw diolch bod lle i ni gyd yn dy deyrnas Di. Helpa ni i beidio â chymharu ein safle a'n doniau â phobl eraill. Helpa ni hefyd i gofio fod pob rhan o'r corff yn bwysig a'n bod ni gyd yn dy glodfori Di. Diolch Dduw, Amen.

Coed Almug

1 Brenhinoedd 10 adn 11-12

Byddai llynges Hiram yn dod ag aur o Offir; byddai hefyd yn cludo o Offir lawer iawn o goed almug a gemau. Gwnaeth y brenin fracedau i dŷ'r ARGLWYDD ac i dŷ'r brenin o'r coed almug, a hefyd delynau a nablau i'r cantorion. Ni ddaeth ac ni welwyd cystal coed almug hyd heddiw.

Fe ddefnyddiodd Solomon y deunyddiau gorau ar gyfer Tŷ'r Arglwydd. Fe aeth i drafferth i sicrhau ei fod yn dilyn cyfarwyddiadau Duw ac fe ddefnyddiodd y pren gorau ar gael i greu'r bracedau a'r offerynnau. Ar un llaw gallesid defnyddio pren is-raddol – yn enwedig ar gyfer bracedau! Ond fe sicrhaodd Solomon mai'r deunyddiau gorau a roddwyd yn y Tŷ. Ydym ni'n rhoi ein deunyddiau gorau i'r Arglwydd?

Yn amryw o lyfrau cynharaf y Beibl fe ddarllenwn am orchymyn Duw i'w bobl i roi y cyntaf o'u cnwd iddo Ef yn aberth. Nid beth bynnag oedd ar ôl, ond y cyntaf. Dyma un engraifft a geir yn llyfr Exodus: "Yr wyt i ddod â'r cyntaf o flaenffrwyth dy dir i dŷ'r ARGLWYDD dy Dduw" (23 adn 19). Ef a roddodd i ni'r hadau, a'r haul, a'r glaw, ac Ef sy'n rhoddi inni'r gallu i gynaeafu ac i rannu ein cnwd ac eraill na all gynaeafu eu hunain. Dros y dyddiau nesaf fe fyddwn yn myfyrio mwy ar yr hyn y mae Duw wedi ei roi i ni.

Gweddi: Arglwydd Dduw, helpa ni i fod fel Solomon a fu'n barod i chwilio a rhoi ei ddeunyddiau gorau i Ti. Efallai y bydd eu rhoi i Ti yn wir aberth ond credwn mai dyna'r hyn yr wyt yn ei ofyn gennym. Efallai mai ein harian, neu ein hadnoddau, neu hyd yn oed ein hamser yr wyt Ti'n gofyn amdano, ond dyro i ni'r gallu a'r ewyllys i'w rhoi yn hael a llawen. Yn Enw dy Fab, a roddodd y cyfan i ni, Amen.

Doethineb am Brennau
1 Brenhinoedd 4 adn 29-34

Rhoddodd Duw i Solomon ddoethineb a deall helaeth, ac amgyffrediad mor eang â thraeth y môr. Rhagorodd doethineb Solomon ar ddoethineb holl bobl y Dwyrain a'r Aifft; yr oedd yn ddoethach nag unrhyw un, hyd yn oed Ethan yr Esrahiad, neu Heman, Calcol a Darda, meibion Mahol; yr oedd ei fri wedi ymledu trwy'r holl genhedloedd oddi amgylch. Llefarodd dair mil o ddiarhebion, ac yr oedd ei ganeuon yn rhifo mil a phump. Traethodd am brennau, o'r cedrwydd sydd yn Lebanon hyd yr isop sy'n tyfu o'r pared; hefyd am anifeiliaid ac ehediaid, am ymlusgiaid a physgod. Daethant o bob cenedl i wrando doethineb Solomon, ac o blith holl frenhinoedd y ddaear a glywodd am ei ddoethineb.

Fe ymddangosodd yr Arglwydd i Solomon mewn breuddwyd, ar ôl iddo fod yn offrymu aberth, a gofyn iddo beth a fynnai. Gofynnodd am ddoethineb i fedru dirnad rhwng da a drwg. Yr oedd yr Arglwydd yn hapus â'i ateb ac fe roddwyd i Solomon ddoethineb ac amgyffrediad a ddenodd bobloedd ar draws y byd ato. Yn wir, ei ddoethineb ef a roddodd i ni Lyfr y Diarhebion, sawl Salm a Chaniad Solomon. Ond Duw a roddodd hyn oll iddo. A Duw hefyd a roddodd iddo'r addewid am gyfoeth a bywyd hir, pe bae'r rhodio mewn ffydd a chadw Ei orchmynion. Efallai y daw geiriau Job i'r cof:
"Yr ARGLWYDD a roddodd, a'r ARGLWYDD a ddygodd ymaith. Bendigedig fyddo enw'r ARGLWYDD (Job 1 adn 21).
    O ddarllen yr adnodau o'n blaen heddiw fe welwn fod Duw wedi rhoi amgyffrediad i Solomon am y byd o'i gwmpas, ac yr oedd eraill yn awyddus i ddysgu ganddo. Efallai am y tro cyntaf fe roddwyd i ddyn gip-olwg ar gymlethdod creadigaeth Duw. Ond credaf nad rhoi'r wybodaeth hon i ddyn er mwyn iddo ddechrau addoli'r greadigaeth, na Solomon chwaith, oedd bwriad Duw. Yn hytrach, wrth ddysgu mwy am ei greadigaeth, fe allwn ddysgu mwy amdano Ef.
    Heddiw mae datblygiadau gwyddonol a thechnolegol wrthi'n dadansoddi rhai o gymlethdodau dyrys ein byd, ond beth a wnawn gyda'r darganfyddiadau? A ydym fel Solomon yn troi yn ôl at y Creawdwr ac yn

cydnabod Ei benarglwyddiaeth drosom ni a thros ein byd?

Gweddi: Wedi deffro o'i freuddwyd fe aeth Solomon i Jerwsalem a rhoddi offrymau i Ti gerbron Arch y Cyfamod. Ond er gwaethaf ei holl ddoethineb ni fu'n driw i Ti drwy gydol ei fywyd. Helpa ni i sylweddoli mai gennyt ti y cawn ni ddoethineb, ac nad ydyw, ar ei ben ei hun, yn ddigon i'n galluogi i fedru byw mewn perthynas â thi. Gad i'r hyn a ddysgwn am ein hunain, a'n byd o'n cwmpas, ein harwain atat Ti. Yn enw Iesu Grist, Amen.

Dringo'r Balmwydden

Caniad Solomon 7 adn 8-9

Y mae dy gorff fel palmwydden,
a'th fronnau fel clwstwr o'i ffrwythau.
Dywedais, "Dringaf y balmwydden, a gafael yn ei brigau."
Bydded dy fronnau fel clwstwr o rawnwin,
ac arogl dy anadl fel afalau,
a'th wefusau fel y gwin gorau yn llifo'n esmwyth mewn cariad,
ac yn llithro rhwng gwefusau a dannedd.

Dros y dyddiau diwethaf rydym wedi darllen am rai o'r anrhegion hynny y mae Duw wedi eu rhoi i ni. Anrhegion megis byd natur, bwyd a lloches. Heddiw fe ddarllenwn am y rhodd o gariad, a'r rhodd o berthynas rywiol rhwng dyn a gwraig. Mae sawl esboniad o'r hyn a ddisgrifir yng Nghaniad Solomon, ond wrth ddarllen yr holl ganiad fe ddaw un peth yn glir. Yma, gwelwn ddyn a gwraig mewn cariad yn mwynhau ei gilydd. Yn niweddglo'r darn fe gawn rai o adnodau cryfaf y Beibl ar y thema cariad:

"Gosod fi fel sêl ar dy galon, fel sêl ar dy fraich; oherwydd y mae cariad mor gryf â marwolaeth, a nwyd mor greulon â'r bedd; y mae'n llosgi fel ffaglau tanllyd, fel fflam angerddol. Ni all dyfroedd lawer ddiffodd cariad, ac ni all afonydd ei foddi"(8 adn 6 - 7).

Efallai nad oeddech yn disgwyl darllen adnodau fel hyn yn y Beibl. Ond o ystyried mai Duw ydyw'n creawdwr, a'i fod wedi creu Efa fel cymar i Adda, a ddylwn ni synnu? Ef a roddodd i ni'r rhodd o gariad, ac Ef a gynlluniodd rhyw fel un ffordd o amlygu'r cariad hwnnw rhwng gŵr a gwraig briod.

Mae'r darluniau a geir yng nghaniad Solomon yn brydferth a nwydus, ac mae'r neges am gariad yn adleisio cariad Iesu Grist a Duw tuag atom. Cariad a arweiniodd at aberth, a phoen, a cholled. Ond cariad a orchfygodd farwolaeth ac a agorodd y ffordd i fywyd tragwyddol.

Gweddi: Duw cariad yw. Dyna pwy wyt Ti Arglwydd. A chariad sydd wedi cyfeirio dy gynlluniau a'th benderfyniadau ers cychwyn y Byd. Roeddet Ti am i ni fwynhau dy Greadigaeth. Roeddet Ti am i ni fwynhau perthynas â Thi. A phan dorrwyd y berthynas fe gymeraist y cam i'n hachub. O'r fath gariad. Diolch am ddangos i ni ystyr cariad, a sut i garu. Helpa ni ym mhob perthynas i garu fel yr wyt Ti yn ein caru ni. Yn Enw dy Fab Iesu Grist, Amen.

Pren Panadl
1 Brenhinoedd 19 adn 1- 8

Mynegodd Ahab i Jesebel y cwbl yr oedd Elias wedi ei wneud, a'i fod wedi lladd yr holl broffwydi â'r cleddyf. Yna anfonodd Jesebel negesydd i ddweud wrth Elias, "Fel hyn y gwnelo'r duwiau i mi, a rhagor, os na fyddaf wedi gwneud dy einioes di fel einioes un ohonynt hwy erbyn yr amser hwn yfory." Ofnodd yntau a dianc am ei einioes nes dod i Beerseba, a oedd yn perthyn i Jwda. Gadawodd ei was yno, ond aeth ef yn ei flaen daith diwrnod i'r anialwch. Pan oedd yn cymryd seibiant dan ryw bren banadl, deisyfodd o'i galon am gael marw, a dywedodd: "Dyma ddigon bellach, O ARGLWYDD; cymer f'einioes, oherwydd nid wyf fi ddim gwell na'm hynafiaid." Ond wedi iddo orwedd a chysgu dan ryw bren banadl, dyma angel yn ei gyffwrdd ac yn dweud wrtho, "Cod, bwyta." A phan edrychodd, wrth ei ben yr oedd teisen radell a ffiolaid o ddŵr; a bwytaodd ac yfed ac ailgysgu. Daeth yr angel yn ôl eilwaith a'i gyffwrdd a dweud,"Cod, bwyta, rhag i'r daith fod yn ormod iti." Cododd yntau a bwyta ac yfed; a cherddodd yn nerth yr ymborth hwnnw am ddeugain diwrnod a deugain nos, hyd at Horeb, mynydd Duw.

Wedi marwolaeth Solomon, fe wrthryfelodd y gogledd a'r de yn erbyn ei gilydd, ac fe rannodd Israel yn ddau. O ganlyniad cafwyd sawl brenin yn teyrnasu dros Israel. Fe wrthryfelasant yn erbyn Duw hefyd. Elias oedd y cyntaf o sawl proffwyd a anfonodd Duw at Ei bobl. Yma, mae Elias newydd fod ar fynydd Carmel lle heriodd yr Israeliaid am iddynt addoli Baal, ac fe lofruddiwyd proffwydi Baal. Ond y mae Elias mewn perygl yn awr ac wedi dianc. Fe welwn ei fod wedi cyrraedd pen ei dennyn ac yn barod i farw. Y mae ei sefyllfa yn edrych yn hollol anobeithiol: "...cefnodd yr Israeliaid ar dy gyfamod, a bwrw d'allorau i lawr, a lladd dy broffwydi â'r cleddyf; myfi'n unig sydd ar ôl, ac y maent yn ceisio f'einioes innau" (19 adn 14).

Ond nid dyna oedd cynllun Duw ar ei gyfer. Yn wir roedd ganddo dasg ar ei gyfer - i eneinio tri dyn – dau yn frenhinoedd dros Syria ac Israel, a'r olaf yn broffwyd i gymryd ei le. Ond cyn ei anfon ar ei daith fe roddodd iddo'r cyfle i gysgu a bwyta ac i orffwys yn gorfforol, yn feddyliol ac yn emosiynol. Yr oedd wedi gweld pŵer Duw ar Fynydd Carmel, ac wedi gweld yr Israeliaid yn mynegi yn eu lluoedd mai'r 'ARGLWYDD sydd Dduw'. Ond er gwaethaf hyn oll, yr oedd yn barod i farw.

Tybed ydym ni wedi byw trwy'r fath brofiad? Yn gweld Duw ar waith mewn ffordd bŵerus un munud, ar nesaf yn teimlo nad ydi O yma, a bod y cyfan yn anobeithiol? Y mae Duw yn deall ac yn gwybod fod bywyd yn medru bod yn daith anodd a llafurus. Ac, fel y gwelsom yn y darlleniadau ar ddechrau'r gyfrol hon, y mae'n rhoi cyfleoedd i ni orffwys a dal ein gwynt. Wedi i Elias orffwys a chryfhau fe deithiodd am 40 niwrnod heb ddim mwy o fwyd. Am wyrth! Ond heb gael gorffwys gyntaf, mae'n anhebygol y byddai wedi goroesi'r fath daith.

Gweddi: Unwaith eto, ARGLWYDD Dduw, rwyt Ti'n ein dysgu am bwysigrwydd gorffwys. Nid yn unig yn gorfforol, ond yn feddyliol ac yn ysbrydol hefyd. Fe welodd Elias sawl gwyrth yn ei fywyd, ond ni allai barhau ar ei daith heb i Ti ei gynnal. Helpa ni i wrando arnat, i orffwys pan gawn y cyfle, a gadael i Ti ein nerthu. Yn enw dy Fab Iesu Grist, Amen.

Boncyff

Eseia 6 adn 13

Ac os erys y ddegfed ran ar ôl ynddi, fe'i llosgir drachefn; fel llwyfen neu dderwen fe'i teflir ymaith, fel boncyff o'r uchelfa. Had sanctaidd yw ei boncyff.

Yn chweched pennod llyfr Eseia, fe ddarllenwn am ei alwad, gan Dduw, i fod yn broffwyd. Fe roddodd Duw sawl proffwydoliaeth anodd i Eseia i'w rhannu â'r Israeliaid, ond ceisio rhybuddio ac achub ei bobl ydoedd Duw drwyddynt, a'u galw yn ôl ato Ef. Ers cyfnod Solomon fe welwn yn y Beibl fod yr Israeliaid wedi parhau i anwybyddu a phechu yn erbyn Duw ac y mae'r broffwydoliaeth gyntaf hon yn eu herbyn yn un lem.

Fel y gwelsom yn hanes Noa, gellir dehongli'r broffwydoliaeth hon fel un erchyll a didostur, ond yn yr un ffordd cawn eto ein hatgoffa am Sancteiddrwydd Duw. Yn wir wrth ddarllen adnodau cyntaf y bennod hon fe welwn mai'r hyn a drawodd Eseia pan welodd yr ARGLWYDD, oedd Sancteiddrwydd Duw a'i bechod ei hun:
..."Gwae fi! Y mae wedi darfod amdanaf! Dyn â'i wefusau'n aflan ydwyf, ac ymysg pobl â'u gwefusau'n aflan yr wyf yn byw; ac eto, yr wyf â'm llygaid fy hun wedi edrych ar y brenin, ARGLWYDD y Lluoedd" (Eseia 6 adn 5). Mae'n ddigon posibl fod Eseia yn gyfarwydd â'r adnod a glywodd Moses:
"Ond" meddai (yr ARGLWYDD), "ni chei weld fy wyneb, oherwydd ni chaiff neb fy ngweld a byw" (Exodus 33 adn 20).

Mae canlyniadau pechodau'r Israeliaid yn amlwg yn y broffwydoliaeth - dinistr a dioddef. Ond y mae Duw hefyd yn raslon ac yn caru ei greadigaeth. Ac am hynny, fel y ddeilen olewydd, fe welwn fod neges o obaith i'w chael i'r Israeliaid ac i ninnau hefyd ym mhroffwydoliaeth Eseia.

Sawl gwaith fe welwn yn y Beibl fod yr Israeliaid wedi mwynhau heddwch, a llawenydd, a sefydlogrwydd pan oeddent oll yn ufudd ac yn cerdded gyda'u Duw. Ystyriwch hefyd Ardd Eden yn ei holl ogoniant a'r byd perffaith lle'r oedd dyn a'i Greawdwr mewn perthynas â'i gilydd.

Fe ddifethwyd hynny i gyd gan bechod. Ond nid dinistrio'r cyfan a wnaeth Duw yn nydd Noa, nac yn nydd Eseia chwaith. Yn hytrach, fe welwn ei fod yn cynllunio i achub Ei bobl ac roedd y cynllun hwnnw i'n hachub ninnau hefyd. Efallai nad ydi had yn ddim, o'i gymharu â choeden enfawr, ond drwyddo yr oedd Duw yn addo sicrhau gobaith i ddynoliaeth.

Gweddi: O Arglwydd fe allwn deimlo'n ddigalon wrth ddarllen am hanes yr Israeliaid yn gwrthryfela mor gyson yn Dy erbyn. Mewn rhai ffyrdd gallwn ddeall dy gythrudd o'u herwydd, yn enwedig ar ôl i Ti roi cymaint iddynt. Ond sylweddolwn hefyd ein bod ni wedi ymddwyn fel yr Israeliaid - wedi dy anwybyddu, a'th anghofio, a'th gythruddo sawl gwaith. Helpa ni i glywed a deall dy neges Di i ni a dysgu gwers hanes. Yn Enw Dy Fab, Ein Gobaith a'n Hiachawdwr, Amen.

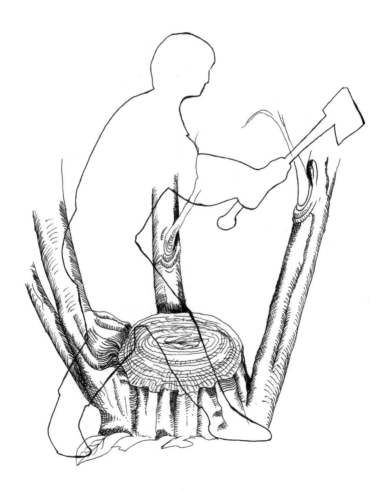

Holl Gedrwydd Lebanon
Eseia 2 adn 12-17

Canys y mae gan ARGLWYDD y Lluoedd ddydd yn erbyn pob un balch ac uchel, yn erbyn pob un dyrchafedig ac uchel, yn erbyn holl gedrwydd Lebanon, sy'n uchel a dyrchafedig; yn erbyn holl dderi Basan, yn erbyn yr holl fynyddoedd uchel ac yn erbyn pob bryn dyrchafedig; yn erbyn pob tŵr uchel ac yn erbyn pob magwyr gadarn; yn erbyn holl longau Tarsis ac yn erbyn yr holl gychod pleser. Yna fe ddarostyngir uchel drem y ddynoliaeth, ac fe syrth balchder y natur ddynol. Yr ARGLWYDD yn unig a ddyrchefir y dydd hwnnw.

Parhawn i fyfyrio ar broffwydoliaethau Eseia, ac unwaith eto neges sy'n barnu'r Israeliaid a geir yma. Er nad ydynt yn hawdd i'w darllen credaf y dysgwn drwyddynt am benarglwyddiaeth Duw.

Yn nechrau'r bennod y mae Eseia yn rhestru pechodau'r bobl: "Gwrthodaist dŷ Jacob, dy bobl, oherwydd y maent yn llawn dewiniaid o'r dwyrain, a swynwyr fel y Philistiaid, ac y maent yn gwneud cyfeillion o estroniaid...Y mae eu gwlad yn llawn o eilunod; ymgrymant i waith eu dwylo, i'r hyn a wnaeth eu bysedd. Am hynny y gostyngir y ddynoliaeth ac y syrth pob un."(2 adn 6,8 9).

Pan roddodd Duw y Deg Cyfamod i'r Israeliaid ni ddywedodd y byddent bob amser yn hawdd i'w cadw. Ond fe addawodd Duw y byddai Ef gyda hwy pe byddent yn ufudd iddo. Roedd am ein dysgu ni gyd sut i fyw, drwy yn gyntaf eu dysgu hwy, ac i ni ddysgu drwy eu hesiampl. Ond yma fe welwn fod yr Israeliaid nid yn unig wedi cefnu ar Dduw ond wedi mabwysiadu duwiau eu cymdogion. Wrth droi yn erbyn Duw amlwg iawn oedd y canlyniadau. Heddiw does ond angen gwylio'r newyddion neu siarad â phobl i weld y dioddef sydd o'n cwmpas am nad ydym wedi dilyn canllawiau ein Creawdwr. Y mae'r byd i gyd yn dioddef oherwydd canlyniad pechod yn erbyn Duw. Ni chredaf ein bod yn dioddef bob tro oherwydd ein pechod personol ni. Nid dyma'r math o Dduw sydd gennym. Ond wrth gefnu ar y Deg Gorchymyn, rydym yn anwybyddu'r ffordd orau o fyw. Ystyriwch eiriau Iesu:

"...Câr yr Arglwydd dy Dduw â'th holl galon ac â'th holl enaid ac â'th holl feddwl.' Dyma'r gorchymyn cyntaf a'r pwysicaf. Ac y mae'r ail yn debyg iddo: 'Câr dy gymydog fel ti dy hun.' Ar y ddau orchymyn hyn y mae'r holl Gyfraith a'r proffwydi yn dibynnu" (Matthew 22 adn 37-40). Pe byddem yn dilyn y ddau orchymyn hyn ni fyddai'r byd yn dioddef fel y mae o heddiw. Mae'n wir nad ydi hi'n hawdd sefyll i fyny a cheisio dilyn ffordd Duw yn y byd, ac mae'n siŵr nad oedd hi'n hawdd i'r Israeliaid, ond drwy gydol hanes fe fu rhywrai yn gwneud.

Gweddi: O Arglwydd y Lluoedd, Ein Creawdwr, helpa ni i weld nad Duw sy'n ein llethu â rheolau wyt Ti, ond Duw sy'n ein caru, a'n caru ddigon i gynnig cymorth a chanllawiau tra'r ydym yn trigo ar y ddaear. Dyro i ni'r gwroldeb i rodio gyda Thi. Yn Enw Iesu Grist Amen.

Y cyfiawn yn blodeuo fel palmwydd

Salm 92 adn 12-15.

Y mae'r cyfiawn yn blodeuo fel palmwydd, ac yn tyfu fel cedrwydd Lebanon. Y maent wedi eu plannu yn nhŷ'r ARGLWYDD, ac yn blodeuo yng nghynteddau ein Duw. Rhônt ffrwyth hyd yn oed mewn henaint, a pharhânt yn wyrdd ac iraidd. Cyhoeddant fod yr ARGLWYDD yn uniawn, ac am fy nghraig, nad oes anghyfiawnder ynddo.

Defnyddir delweddau o fyd natur mewn sawl proffwydoliaeth yn yr Hen Destament, ond yr hyn sy'n ddiddorol yw'r modd y defnyddir hwy i farnu ar un llaw ac ar y llall i galongi'r bobl. Ddoe fe welsom Eseia yn defnyddio coed cedrwydd Lebanon i sarhau balchder dyn. Ond heddiw y mae'r ddelwedd a bortreadir gan y Salmydd yn un llawer mwy calonogol a phositif. Ystyriwch hefyd yr adnodau canlynol gan y Salmydd a Jeremeia:

'Gwyn ei fyd y sawl nad yw'n dilyn cyngor y drygionus nac yn ymdroi hyd ffordd pechaduriaid nac yn eistedd ar sedd gwatwarwyr, ond sy'n cael ei hyfrydwch yng nghyfraith yr ARGLWYDD ac yn myfyrio yn ei gyfraith ef ddydd a nos. Y mae fel pren wedi ei blannu wrth ffrydiau dŵr, ac yn rhoi ffrwyth yn ei dymor, a'i ddeilen heb fod yn gwywo (Salm 1 adn 1 - 3).

'Bendigedig yw'r sawl sy'n hyderu yn yr ARGLWYDD, a'r ARGLWYDD yn hyder iddo. Y mae fel pren a blannwyd ar lan dyfroedd, yn gwthio'i wreiddiau i'r afon, heb ofni gwres pan ddaw, a'i ddail yn ir; ar dymor sych ni phrydera, ac ni phaid â ffrwytho' (Jeremeia 17 adn 7 - 8).

Ystyriwch ddau blanhigyn. Mae un â'i ddail, a'i flodau, a'i ffrwyth, yn ysblennydd ac yn iach yr olwg. Mae'r ail heb ffrwyth, â'i ddail a'i flagur wedi pylu a chrino. Mae'r ddau blanhigyn yn goroesi, ond mae un yn byw ac yn ffynnu. Mae Duw am i ni gyd fyw fel y planhigyn cyntaf, gyda'n gwreiddiau yn ddwfn yn Ei Air Ef, ac yn ddibynnol arno Ef am bob peth. Wedi'r cwbl dyna oedd ei gynllun ar gyfer Adda ag Efa yng nhardd Eden. Ond oherwydd canlyniadau ein pechodau, ni allwn fyth brofi bywyd fel hyn yn llwyr ar y ddaear bellach. Eithr drwy ddod yn Gristion fe allwn ddechrau profi bywyd yn ei gyflawnder gyda Duw, a dechrau dysgu i beidio â phryderu o ddydd i ddydd.

Gweddi: Arglwydd Dduw, creawdwr y byd, diolch i Ti am ein dysgu bob dydd amdanat Ti a'th ofal drosom. Mi wn mai fy mhechod i sydd wedi effeithio'r berthynas rhyngot Ti a mi, ond helpa fi heddiw i gymryd cam tuag atat ac i ddibynnu mwy a mwy arnat Ti. Wrth i mi ddarllen dy air bob dydd dros gyfnod y Grawys gad i mi blannu fy ngwreiddiau yn ddwfn yn dy Air a'th addewidion. Yn enw Iesu Grist dy Fab, Amen.

Dan ei Winwydden
Micha 4 adn 3 - 4

...Ni chyfyd cenedl gleddyf yn erbyn cenedl, ac ni ddysgant ryfel mwyach; a bydd pob un yn eistedd dan ei winwydden a than ei ffigysbren, heb neb i'w ddychryn. Oherwydd genau ARGLWYDD y Lluoedd a lefarodd.

Fel yr esboniwyd yn y rhagarweiniad, mae'r darlleniadau yn y gyfrol hon yn dilyn ei gilydd mewn trefn gronolegol. O ystyried hyn efallai y disgwyliwn ganfod yr adnodau hyn ar ddiwedd llinell amser yr Hen Destament. Ond fel y gwelsom eisoes mae Duw yn aml yn ein hatgoffa am ddiwedd y daith, yn ogystal â'r daith ei hun.

Mae llyfr Micha yn disgrifio cyfiawnder Duw a'i ymateb i bechod. Ond ceir hefyd yr adnodau hyn, lle cawn gipolwg ar gariad a gras Duw tuag at ddynol ryw. Roedd Duw am galonogi'r Israeliaid a'i hatgoffa am Ei ofal drostynt, a hynny er gwaethaf eu hymddygiad a'i pechodau. Y mae hefyd, yn yr adnodau yma yn ein calonogi ninnau, drwy ein hatgoffa y daw dydd pan ddaw rhyfela i ben, ac y bydd heddwch yn teyrnasu. Tybed a ddaeth yr addewid hwn i'r cof?
"Fe sych bob deigryn o'u llygaid hwy, ac ni bydd marwolaeth mwyach, na galar na llefain na phoen. Y mae'r pethau cyntaf wedi mynd heibio" (Datguddiad 21 ad 4). Am addewid, ac am ddyfodol!

Ond, trown yn ôl at sefyllfa'r Israeliaid yng nghyfnod Micha am gyfnod eto. Yn ôl un Beibl cronolegol[3] mae'n debygol y cafodd yr adnodau hyn eu hysgrifennu yn fuan cyn i'r Asyriaid oroesgyn Jwda, tua 703 Cyn Crist. Sefyllfa enbyd mewn sawl ffordd ac yn llyfr Micha fe glywn Dduw yn datguddio i'w bobl yr hyn a fyddai'n digwydd iddynt. Ac yn wir o fewn dau gan mlynedd, fe ymosodwyd arnynt a chludwyd nifer ohonynt i Fabylon.

Yn ddiweddarach yn y Beibl, fe welwn fod Duw wedi achub Ei bobl unwaith eto ac wedi eu galluogi i ddychwelyd o Fabylon, gartref i Israel. Gwyddwn hefyd y gwnaiff Duw arwain pawb sy'n credu ynddo Ef, drwy ei fab Iesu Grist, gartef i'r nefoedd. Tra'r ydym yn byw ar y ddaear rydym yn gweld a phrofi canlyniad pechod, ond mae Duw yn cynnig gobaith mewn byd lle mae canlyniadau pechod yn dinistrio.

Mae Cristnogion yn credu y bydd Iesu Grist yn dychwelyd i'r ddaear, a bryd hynny fe ddaw diwedd i'r byd. Oes mae gobaith i holl ddynol ryw. Ym mhennod pump llyfr Micha fe gawn ddisgrifiad o'n hiachawdwr, Iesu Grist. Fe ysgrifennwyd y llyfr gannoedd o flynyddoedd cyn ei eni, ond yr un yw'r neges. Mae angen i ni ymateb.

Gweddi: Diolch Arglwydd Dduw dy fod yn ein caru gymaint; ac wedi caru'r Israeliaid gymaint; i'n rhybuddio am ganlyniadau ein pechodau. Ond diolch hefyd am y gobaith sydd ar gael i bob un ohonom. Helpa ni heddiw i gofio am Dy aberth drosom ac i amgyffred pwysigrwydd ymateb i farwolaeth ac atgyfodiad Iesu Grist. Yn ei enw Ef, Amen.

Ymgrymu i ddarn o bren
Eseia 44 adn 14-17

Y mae rhywun yn torri iddo'i hun gedrwydden, neu'n dewis cypreswydden neu dderwen wedi tyfu'n gryf yng nghanol y goedwig – cedrwydden wedi ei phlannu, a'r glaw wedi ei chryfhau. Bydd peth ohoni'n danwydd i rywun i ymdwymo wrtho; bydd hefyd yn cynnau tân i grasu bara; a hefyd yn gwneud duw i'w addoli; fe'i gwna'n ddelw gerfiedig ac ymgrymu iddi. Ie, y mae'n llosgi'r hanner yn dân, ac yn rhostio cig arno, ac yn bwyta'i wala; y mae hefyd yn ymdwymo ac yn dweud, "Y mae blas ar dân; peth braf yw gweld y fflam." O'r gweddill y mae'n gwneud delw i fod yn dduw, ac yn ymgrymu iddo a'i addoli: y mae'n gweddïo arno ac yn dweud, "Gwared fi; fy nuw ydwyt."

Yn y bennod hon yn llyfr Eseia mae Duw yn atgoffa Ei bobl mai Ef yw eu Duw ac Ef a'u creodd. Y mae'n bennod bŵerus, ond yn yr adnodau clo fe glywn Duw yn ymbil arnynt i ddychwelyd yn ôl ato Ef. Er ei fod yn Dduw hollalluog, holl bŵerus, nid unben ydyw ac oherwydd ei gariad tuag at yr Israeliaid a thuag atom ni, y mae'n rhoi'r dewis i ni i'w ddilyn Ef neu beidio.

Yr hyn sy'n ddiddorol yma yw'r ffaith fod y bobl a gefnodd ar Dduw wedi dyheu am rywbeth arall i'w addoli. Dychmygwn na fyddent yn chwilio am rywbeth arall i addoli ar ôl gwrthod Duw. Ac eto, gwelwn fod y rhain wedi cymryd amser i ganfod deunyddiau, ac wedi cerflunio duw. Tybed ydi'r adnodau hyn yn dangos ein bod ni i gyd yn chwilio am rywbeth i'w addoli, i ymddiried ynddo? Efallai na chredwn ein bod yn ymgrymu i ddim byd ond hwyrach ein bod yn ymrwymo peth wmbreth o'n hamser a'n hadnoddau mewn rhywbeth neu rhywrai.

Ystyriwch y Deg Gorchymyn lle galwyd ni i beidio â chymryd unrhyw dduwiau ar wahân i Dduw. Ac yn y Testament Newydd fe glywn Iesu Grist yn ein galw i roi Duw yn gyntaf er mwyn Ei ddilyn Ef (Luc 14). Ni chredaf fod Iesu yn awgrymu y dylwn anghofio am ein teuluoedd a'n cyfrifoldebau, neu beidio ennill bywoliaeth, ond os ydynt yn cymryd blaenoriaeth neu'n ein harwain oddi wrth Duw, yna mae gan yr adnodau hyn rywbeth i ddysgu i ni.

Y mae hefyd yn werth ystyried pwy sy'n creu'r duwiau hyn: dyn amherffaith, gwan, heb bŵer na dealltwriaeth o'i gymharu â Duw. Ac y mae'r deunyddiau crai yn farw ac yn ddibwys o'u cymharu â Duw. Fel y dywedodd Duw wrth Habacuc:

"Pa fudd i'w wneuthurwr yw'r eilun a luniodd? Nid yw ond delw dawdd a dysgwr celwydd. Er bod y gwneuthurwr yn ymddiried yn ei waith, nid yw'n gwneud ond delwau mud" (Habacuc 2 adn 18).

Gweddi: Arglwydd Dduw, pan gymharwn ddarnau o bren gyda Thi, nid oes cymhariaeth. Sylweddolwn mai oferedd ydyw addoli pethau yr ydym ninnau wedi eu creu, a gwyddwn na all ein duwiau bach ni ateb ein problemau a'n gwir angen am achubiaeth. Dyro i ni'r nerth i gael gwared arnynt, ac o Arglwydd y Lluoedd amlyga dy hun i ni a dysga ni, fel y dysgaist yr Israeliaid, amdanat Ti. Yn enw Dy Fab, ein Hiachawdwr, Amen.

Coed yn lle drain
Eseia 55 adn 12-13

"Mewn llawenydd yr ewch allan, ac mewn heddwch y'ch arweinir; bydd y mynyddoedd a'r bryniau'n bloeddio canu o'ch blaen, a holl goed y maes yn curo dwylo. Bydd ffynidrwydd yn tyfu yn lle drain, a myrtwydd yn lle mieri; bydd hyn yn glod i'r ARGLWYDD, yn arwydd tragwyddol na ddilëir mohono."

Am adnodau calonogol! Am addewid! Yn wir mae pennod 55 o lyfr Eseia yn llawn gobaith ac yn ein gwahodd ni i gyd i brofi bywyd gyda Duw. Dros yr wythnosau diwethaf rydym wedi gweld fod Duw wedi paratoi bywyd tragwyddol gydag Ef i bob un sy'n troi ato. Ond credaf Ei fod am i ni lawenhau *heddiw* oherwydd iddo dywallt Ei ras a'i gariad arnom. Efallai nad ydyw bywyd bob amser yn hawdd. Ond mae Duw gyda ni, os ydym wedi galw arno, ac yng nghanol byd amherffaith, y mae am i ni gael rhagflas ar y llawenydd a'r sicrwydd a gawn yn ei holl gyflawnder yn y Nefoedd gydag Ef.

Dychmygwch am funud fyd natur yn ei holl anterth, yn clodfori Duw, nid yn griddfan fel y mae heddiw:
'Yn wir, y mae'r greadigaeth yn disgwyl yn daer am i blant Duw gael eu datguddio. Oherwydd darostyngwyd y greadigaeth i oferedd, nid o'i dewis ei hun, ond trwy'r hwn a'i darostyngodd, yn y gobaith y câi'r greadigaeth hithau ei rhyddhau o gaethiwed a llygredigaeth, a'i dwyn i ryddid a gogoniant plant Duw. Oherwydd fe wyddom fod yr holl greadigaeth yn ochneidio, ac mewn gwewyr drwyddi, hyd heddiw. Ac nid y greadigaeth yn unig, ond nyni sydd â blaenffrwyth yr Ysbryd gennym, yr ydym ninnau'n ochneidio ynom ein hunain wrth ddisgwyl ein mabwysiad yn blant Duw, sef rhyddhad ein corff o gaethiwed' (Rhufeiniaid 8 adn 19-23).

Fe ddaw y dydd pan ddychwela Iesu Grist a daw diwedd i fywyd ar y ddaear hon. A lle bu drain yn tagu ac yn torri fe blanna Duw arwyddion o'i dragwyddoldeb.

Gweddi: Ein Tad, yr hwn wyt yn y Nefoedd, arhoswn yn eiddgar i'th Fab ddychwelyd i'n byd ac adfer yr holl greadigaeth ac achub Dy bobl. Rydym ninnau'n griddfan hefyd, fel dywed Paul, ac am ddychwelyd adref atat Ti. Ond rydym hefyd am i bawb ddod i glywed am dy gariad Di ac i brofi gwirionedd achubiaeth drwy farwolaeth Iesu Grist. Dyro i ni'r dewrder i rannu'r Newyddion Da amdanat Ti, a'th gynllun i achub dynol ryw, gyda'n cyd-ddyn. I'th Glod Di, Amen.

Gwialen Almon

Jeremeia 1 adn 11-12

Daeth gair yr ARGLWYDD ataf a dweud, "Jeremeia, beth a weli di?"
Dywedais innau, "Yr wyf yn gweld gwialen almon." Atebodd yr
ARGLWYDD, "Gwelaist yn gywir, oherwydd yr wyf fi'n gwylio fy
ngair i'w gyflawni."

Credir bod dros 50 mlynedd wedi mynd heibio ers cyfnod Eseia ac efallai
bod rhai ohonom yn hanner disgwyl fod Israel bellach wedi gwrando
arno ac wedi troi yn ôl at Dduw. Ond yn awr fe alwyd Jeremeia i fod yn
broffwyd i argyhoeddi'r bobl i droi, unwaith yn rhagor, yn ôl at Dduw. Yr
un hen stori, yr un hen neges. Ond mae Duw yn mynnu ei hailadrodd.
Tybed a feddyliodd erioed am roi'r ffidil yn y to ac anwybyddu Ei bobl -
yn enwedig a hwythau'n mynnu dilyn eu trywydd eu hunain hyd nes
iddynt droi mewn anobaith yn ôl ato am gymorth? Sawl gwaith y
maddeuodd Duw hwy, a sawl gwaith anfonodd broffwyd i'w rhybuddio
a'u harwain? Bob tro ydi'r ateb. Ond fel y gwelwn drwy
broffwydoliaethau Jeremeia, ni wrandawodd Ei bobl. O ganlyniad fe
ddinistriwyd Jerwsalem ac fe gludwyd y bobl ymaith i gaethiwed ym
Mabylon.

Mae Duw yn cadw Ei air, ac yn cyflawni'r hyn y mae'n Ei addo. Yma
mae Ei eiriau yn sôn am yr hyn a ddigwyddodd i bobl Jeremeia am iddynt
wrthod troi yn ôl ato. Dyma ganlyniad pechod. Dyma gyfiawnder Duw.
Ond cofiwn hefyd am Ei addewidion eraill. Fe wyddwn y daeth
proffwydoliaethau Jeremeia yn wir. Fe ddinistriwyd y ddinas ac fe
gymerwyd y bobl i Fabylon. Ond, fe'u dychwelwyd hefyd, ac yn ystod
cyfnod Nehemeia fe ailadeiladwyd Jerwsalem, ac fe drodd y bobl yn ôl
at Dduw. Er ei bod hi'n bwysig canolbwyntio ar brif neges
proffwydoliaethau Eseia a Jeremeia, sef y dylem droi yn ôl at Dduw,
credaf fod neges arall i'w chael hefyd. Os y cyflawnwyd y
proffwydoliaethau hyn; lle dioddefodd Duw gyda'i bobl am iddynt droi
oddi wrtho; gallwn hefyd gredu mewn sicrwydd y bydd yn cadw Ei
broffwydoliaethau a'i addewidion eraill. Y mae'r Beibl yn llawn ohonynt
ac maent yn addo achubiaeth a chysur a gobaith. Yn wir, yma hyd yn oed,

yng nghanol proffwydoliaethau yn disgrifio'r hyn a fyddai'n digwydd o ganlyniad i bechodau'r bobl, fe glywn lais eu Tad yn dweud:
...'Dychwel, Israel anffyddlon,' medd yr ARGLWYDD. 'Ni fwriaf fy llid arnoch, canys ffyddlon wyf fi, medd yr ARLGWYDD. 'Ni fyddaf ddig hyd byth. Yn unig cydnebydd dy gamwedd, iti wrthryfela yn erbyn yr ARGLWYDD dy Dduw, ac afradu dy ffafrau i ddieithriaid dan bob pren gwyrddlas, heb wrando ar fy llais,' medd yr ARGLWYDD. "Dychwelwch, blant anffyddlon," medd yr ARGLWYDD, "oherwydd myfi a'ch piau chwi, ac fe'ch cymeraf bob yn un o ddinas a bob yn ddau o lwyth, a'ch dwyn i Seion (Jeremeia 3 adn 12-14).

Dyma Dduw y Tad sy'n caru Ei blant ac yn ymbil arnynt i droi yn ôl ato. Fe welwn yma na allai anwybyddu eu pechodau ond yr oedd yn eiddgar iddynt ddychwelyd ato a chanfod maddeuant. Y mae'n Dduw cyfiawn ac yn Dduw Sanctaidd ac ni all oddef pechod. Ond y mae'n caru'r pechadur ac yn aros i bob un gyfaddef eu pechod a chanfod maddeuant.

Mae'n aros â'i ddwylo'n lled agored, yn barod i'n cofleidio. Brenin y bydysawd. Creawdwr y byd, yn aros amdanom ni. Does dim geiriau i ddisgrifio'r cariad hwnnw ond fe'i gwelwn ym mreichiau agored Iesu Grist ar y groes.

Gweddi: Helpa ni i amgyffred dy Gariad a'th Sancteiddrwydd o ARGLWYDD Dduw, Amen.

Er nad yw'r ffigysbren yn blodeuo
Habacuc 3 adn 17-19

Er nad yw'r ffigysbren yn blodeuo, ac er nad yw'r gwinwydd yn dwyn ffrwyth; er i'r cynhaeaf olew ballu, ac er nad yw'r meysydd yn rhoi bwyd; er i'r praidd ddarfod o'r gorlan, ac er nad oes gwartheg yn y beudai; eto llawenychaf yn yr ARGLWYDD, a llawenhaf yn Nuw fy iachawdwriaeth. Yr ARGLWYDD Dduw yw fy nerth; gwna fy nhraed yn ysgafn fel ewig, a phâr imi rodio uchelfannau.

Dyma eiriau olaf Habacuc mewn llyfr lle gwelwn ddyn yn tyfu yn ei ddealltwriaeth a'i ymddiriedaeth yn Nuw. Mae rhyw bymtheg mlynedd ers adnodau ddoe ac fe ddysga Habacuc fod Duw ar fin anfon y Caldeaid (y Babyloniaid) i oresgyn Ei bobl. Mae'n weledigaeth arswydus a thrwy ei lyfr fe welwn yr awdur yn ymdrechu i'w derbyn a'i deall. Fe sylweddola, fel nifer o'r proffwydi o'i flaen, y byddai'r Israeliaid yn dioddef oherwydd eu pechod, ac eto pechaduriaid oedd y Babyloniaid hefyd. Ar ddechrau ei lyfr ni all Habacuc ddeall penderfyniadau Duw, ond erbyn diwedd y drydedd bennod fe welwn ei agwedd yn newid.

Roedd gan Habucuc gwestiynau dyrys, ac wedi derbyn rhai atebion, mae'n amlwg nad oedd yn rhy hoff ohonynt! Ond er gwaethaf ei annealltwriaeth a'i benbleth fe'i gwelwn yn araf deg yn dysgu i ymddiried yn ei Dduw a'i weld yn penarglwyddiaethu dros yr holl fyd a'r holl bobl.

Efallai bod gennym ni yr un cwestiynau heddiw, ag yr oedd gan Habacuc. Ond yn y pendraw, nid atebion i'n holl gwestiynau sy'n ein gwneud yn agosach at Dduw. Y mae Ef yn ein galw ni i gredu ac ymddiried ynddo Ef, heb i ni wybod holl ddirgelion y bydysawd. Hynny yw, nid ymddiried yn ein dealltwriaeth ni, ond yn ei ddealltwriaeth Ef, nid yn ein cynlluniau ninnau, ond yn ei gynlluniau Ef.

Daw geiriau Iesu Grist wrth Tomos i'r côf, pan welodd ef y tyllau yn nwylo ei Arglwydd a chredu:

'Atebodd Tomas ef, "Fy ARGLWYDD a'm Duw!" Dywedodd Iesu wrtho, "Ai am i ti fy ngweld i yr wyt ti wedi credu? Gwyn eu byd y rhai a gredodd heb iddynt weld" (Ioan 20 adn 28-29).

Y mae bod yn Gristion yn golygu cymryd cam mewn ffydd oherwydd ni chawn yr holl atebion tra byddwn ar y ddaear.

"Yn awr, gweld mewn drych yr ydym; a hynny'n aneglur; ond yna cawn weld wyneb yn wyneb" (1 Corinthiaid 13 adn 12). Ond yn ei ras mae Duw yn rhoi'r cyfle i ni ymddiried ynddo ac yn addo cyd-gerdded gyda phob crediniwr. Dyna sut y medrodd Habacuc yngan yr adnodau hyn ar ddiwedd ei lyfr. Yr oedd wedi galw ar ei Dduw a gofyn iddo am atebion a chymorth. Do fe gafodd rai atebion, ond yn fwy pwysig na hynny, fe alluogodd Duw iddo newid ei bersbectif a dysgu ymddiried ynddo Ef ar bob achlysur. Dyna wir ystyr ffydd. Cofiwn eiriau Paul:

'Yr ydym ni, fel cydweithwyr, yn apelio atoch i beidio â gadael i'r gras a dderbyniasoch gan Dduw fynd yn ofer. Oherwydd y mae Duw'n dweud': "Yn yr amser cymeradwy y gwrandewais arnat, a'th gynorthwyo ar ddydd iachawdwriaeth." 'Dyma yn awr, yr amser cymeradwy; dyma yn awr, ddydd iachawdwriaeth' (2 Cor 6 adn 1-2).

Gweddi: O Arglwydd Dduw, diolch i Ti am wrando ar ein cwestiynau ac ateb rhai ohonynt. Helpa ni pan ddaw yr ateb nad oeddwn yn ei ddisgwyl. Ond yn fwy na dim helpa ni i ddysgu drwy esiampl Habacuc, i ymddiried a llawenhau ynot Ti ym mhob sefyllfa. Ac os nad ydym wedi cymryd y cam cyntaf hwnnw i ymddiried ynot Ti, arwain ni i gymryd y cam hwnnw. Yn Enw dy Fab, Amen.

Dameg yr Eryr a'r Winwydden
Eseciel 17 adn 22-24

"'Fel hyn y dywed yr Arglwydd DDUW: Cymeraf finnau hefyd frigyn o ben y gedrwydden a'i blannu; torraf flagur tyner o'r blaenion a'i blannu ar fynydd mawr ac uchel. Ar fynydd-dir uchel Israel y plannaf ef; fe dyf ganghennau, a rhoi ffrwyth a dod yn gedrwydden odidog. Bydd adar o bob math yn nythu ynddo, ac yn clwydo yng nghysgod ei gangau. Bydd holl goed y maes yn gwybod mai myfi'r ARGLWYDD sy'n darostwng y goeden uchel ac yn codi'r goeden isel, yn sychu'r goeden iraidd ac yn bywiocáu'r goeden grin. Myfi, yr ARGLWYDD, a lefarodd, ac fe'i gwnaf.'"

Dyma eiriau clo dameg yr Eryr a'r Winwydden a geir yn llyfr Eseciel. Roedd ef yn offeiriad ac yn un o'r caethion ym Mabylon pan y galwyd ef i fod yn broffwyd. Fe roddodd Duw sawl neges iddo ynglŷn â'r Israeliaid a chwymp Jerwsalem ac y mae'r ddameg hon yn disgrifio brenin Jerwsalem yn torri'r cytundeb a wnaeth gyda brenin Babylon. Cytundeb a wnaed yn enw Duw. Mae'r canlyniadau i'w gweld yn glir yn y broffwydoliaeth, ac fe fyddent yn arwydd mai Duw a lefarodd, fel y darllenwn yn adnod 21. Ond yna, ceir yr adnodau hyn. Adnodau sy'n llawn gobaith sy'n disgrifio digwyddiad a fyddai'n profi penarglwyddiaeth Duw.

Ar hyd yr wythnosau diwethaf rydym wedi gweld hanes yr Israeliaid fel petai'n cael ei ailadrodd drosodd a throsodd. Efallai gwelwn hanes yr holl fyd fel petai'n cael ei ailadrodd hefyd ac nad oes modd dianc. Ond, yma, cawn gipolwg ar gynllun Duw i dorri'r patrwm.

Pe cawsom ni'r cyfle i dorri'r patrwm tybed beth fyddai ein dewis ni? Dod a'r byd i ben efallai? Neu sefydlogi llinell frenhinol unbenaethol? Beth am anfon Iesu Grist - yn faban mewn stabl, a ffoadur yn yr Aifft, ac a fyddai'n oedolyn heb gartref na choron? Ateb annisgwyl, od, di-synnwyr ar yr wyneb! Ac yn wir dyna oedd ymateb sawl Iddew wedi cyfarfod Iesu, gan gynnwys rhai o'i ddisgyblion. Credir eu bod wedi darllen proffwydoliaethau'r Hen Destament ac wedi dehongli mai brenin a milwr fyddai Iesu Grist, a fyddai'n achub yr Israeliaid drwy nerth milwrol. Dehongliad digon rhesymol ar un llaw efallai, ac eto, wrth astudio eu hanes fe welwn mor anwadal oedd eu brenhinoedd. Cofiwn am frenin Dafydd, milwr o fri a fu'n ceisio dilyn Duw drwy gydol ei oes, ond fe drodd sawl un o'i linach yn erbyn Duw. Pe byddai Iesu Grist wedi eu hachub drwy nerth milwrol, does dim sicrwydd y byddai cymunrodd ei fuddugoliaethau wedi para hyd yn oed i'r genhedlaeth nesaf.

Ond fe ddywed y Beibl fod cymunrodd Iesu Grist yn para hyd byth, ac fe sefydlodd deyrnas dra gwahanol i deyrnas ddaearol, filwrol. Yn llyfr Matthew fe geir dameg sy'n adlewyrchu geiriau Eseciel yma: "Y mae teyrnas nefoedd yn debyg i hedyn mwstard, a gymerodd rhywun a'i hau yn ei faes. Dyma'r lleiaf o'r holl hadau, ond wedi iddo dyfu, ef yw'r mwyaf o'r holl lysiau, a daw yn goeden, fel bod adar yr awyr yn dod ac yn nythu yn ei changhennau" (13 adn 31-32).

Mae'r ddameg yn ein hatgoffa bod gwahoddiad i bawb, nid i'r Israeliaid yn unig, i drigo yn nheyrnas Dduw.

Gweddi: Arglwydd Dduw, diolch am ein creu i fwynhau'r byd a greaist. Ond yn fwy na hynny diolch am Dy deyrnas. Helpa ni i wybod sut i drigo yn ei ganghennau ac i aros yno. Yn Ei Enw Ef, Amen.

Dwy Olewydden

Sechareia 4 adn 1- 6

"Dychwelodd yr angel oedd yn siarad â mi, a'm deffro fel rhywun yn deffro o'i gwsg, a dweud wrthyf, "Beth a weli?" Atebais innau, "Yr wyf yn gweld canhwyllbren, yn aur i gyd, â'i badell ar ei ben; y mae iddo saith o lampau a saith o bibellau i'r lampau arno; y mae dwy olewydden gerllaw iddo, un ar dde'r badell ar llall ar ei chwith." Gofynnais i'r angel oedd yn siarad â mi, "Beth yw'r rhain, f'arglwydd?" Ac atebodd yr angel oedd yn siarad â mi, "Oni wyddost beth yw'r rhain?" Dywedais, "Na wn i, f'arglwydd." Yna dywedodd wrthyf, "Dyma air yr ARGLWYDD at Sorobabel: 'Nid trwy lu ac nid trwy nerth, ond trwy fy ysbryd,' medd ARGLWYDD y Lluoedd."

Tua 568 BC fe ddechreuodd yr Israeliaid ddychwelyd o Fabylon ac yn ystod yr hanner can mlynedd nesaf fe ailadeiladwyd y deml yn Jerwsalem. Yn mhennod gyntaf llyfr Haggai fe ddarllenwn fod gair yr Arglwydd wedi dod at Sorobabel, llywodraethwr Jwda, ac at Josua yr archoffeiriad. Cynhyrfwyd eu hysbryd, ac ysbryd y bobl, ac fe ddechreusant weithio ar dŷ yr Arglwydd.

Roedd geiriau'r Arglwydd yn yr adnodau hyn ar gyfer Sorobabel hefyd. Ond wrth i ni ddod i ddiwedd yr Hen Destament, credaf fod neges i ninnau hefyd yn yr adnodau hyn. Mae sawl dehongliad ar gael o ystyr y ganhwyllbren a'r olew, ac yn wir ni chawn esboniad ynglŷn â'r ddau olewydden, dim ond am ddwy gangen (adn12-14). Ond yr hyn sydd yn glir yma ydyw'r pwyslais a roddir ar Ysbryd Duw. Nid ydym wedi cyffwrdd fawr ddim ar Ysbryd Duw hyd yma, ond fe fu'n bresennol o'r cychwyn cyntaf:
"Yn y dechreuad crëodd Duw y nefoedd a'r ddaear. Yr oedd y ddaear yn aflunaidd a gwag, ac yr oedd tywyllwch ar wyneb y dyfnder, ac ysbryd Duw yn ymsymud ar wyneb y dyfroedd" (Genesis 1 adn 1).

Roedd gan Sorobabel dasg anferthol o'i flaen. Ond fe ddywedodd yr Arglwydd wrtho mai nid trwy lu na nerth y byddai'r cyfan yn cael ei gwblhau, ond trwy Ei Ysbryd. Mae gan bob Cristion dasg anferthol o'i

flaen. hefyd. Tasg i fyw bywyd yn ôl canllawiau Duw, ac i ddilyn yng nghamau'r disgyblion i wneud disgyblion:
"... o'r holl genhedloedd, gan eu bedyddio hwy yn enw'r Tad a'r Mab a'r Ysbryd Glân, a dysgu iddynt gadw'r holl orchmynion a roddais i chwi" (Matthew 28 adn 19). Ond mae dau beth pwysig i'w nodi am gyd-destun yr adnodau hyn lle cawn eiriau sy'n atseinio geiriau'r Arglwydd i Sorobabel. Y mae Iesu'n dweud y rhoddwyd pob awdurdod yn y nef ac ar y ddaear iddo Ef ac y bydd Ef gyda ni 'yn wastad hyd ddiwedd amser' (Matthew 28 adn20).

Gŵyr Duw fod gennym dasg i'w chwblhau ar y ddaear, a bod bywyd yn aml yn daith anodd a blinedig. Ond os trown ato Ef, a gofyn am faddeuant, y mae'n addo cyd-gerdded gyda ni. Y mae hefyd yn addo rhoi'r Ysbryd Glân i bob crediniwr.

"A chwithau, wedi ichwi glywed gair y gwirionedd, Efengyl eich iachawdwriaeth, ac wedi ichwi gredu ynddo, gosodwyd arnoch yng Nghrist sêl yr Ysbryd Glân, yr hwn oedd wedi ei addo. Yr Ysbryd hwn yw'r ernes o'n hetifeddiaeth, nes ein prynu'n rhydd i'w meddiannu'n llawn, er clod i ogoniant Duw" (Effesiaid 1 adn 13-14). Addewid a soniodd Joel amdani ryw 400 mlynedd cyn geni Crist (Joel 2 adn 28-29).

Gweddi: Arglwydd y Lluoedd, rydym wedi gweld Dy fod Ti'n driw i'th Air, ac yn barod i'n croesawu yn ôl atat Ti. Wrth i ni symud tuag at Y Testament Newydd gad i ni gofio am yr hyn a ddysgaist i ni drwy hanes yr Israeliaid, a cheisio byw yn nerth Dy Ysbryd. Yn Enw Iesu Grist Ein Harglwydd, Amen.

Ffrwyth y Goeden
Luc 3 adn 1, 2-9

Yn y bymthegfed flwyddyn o deyrnasiad Tiberius Cesar...daeth gair Duw at Ioan fab Sachareias yn yr anialwch. Aeth ef drwy'r holl wlad oddi amgylch yr Iorddonen gan gyhoeddi bedydd edifeirwch yn foddion maddeuant pechodau, fel y mae'n ysgrifenedig yn llyfr geiriau'r proffwyd Eseia:

"Llais un yn galw yn yr anialwch,
Paratowch ffordd yr Arglwydd, unionwch y llwybrau iddo.
Caiff pob ceulan ei llenwi a phob mynydd a bryn ei lefelu;
gwneir y llwybrau troellog yn union, a'r ffyrdd garw yn llyfn;
a bydd y ddynolryw oll yn gweld iachawdwriaeth Duw."
Dywedai wrth y tyrfaoedd oedd yn dod allan i'w bedyddio ganddo: "Chwi epil gwiberod, pwy a'ch rhybuddiodd i ffoi rhag y digofaint sydd i ddod? Dygwch ffrwythau gan hynny a fydd yn deilwng o'ch ediferwch. Peidiwch â dechrau dweud wrthych eich hunain, 'Y mae gennym Abraham yn dad' oherwydd rwy'n dweud wrthych y gall Duw godi plant Abraham o'r cerrig hyn. Ac y mae'r fwyell eisoes wrth wraidd y coed: felly, y mae pob coeden nad yw'n dwyn ffrwyth da yn cael ei thorri i lawr a'i bwrw i'r tân."

Pedwar can mlynedd wedi i hanes yr Hen Destament ddod i ben, fe anwyd Ioan Fedyddiwr. Fe'i galwyd gan Dduw i gyhoeddi fod Ei Deyrnas yn agos, ac i alw'r bobl i edifarhau a throi yn ôl ato. Ar yr olwg gyntaf nid oedd yn wahanol i broffwydi'r Hen Destament, gyda'r un hen neges i'r un hen bobl. Ond wrth ddarllen hanes Ioan, gwelwn fod newid ar droed. Nid yn unig roedd yn sôn am Iachawdwr; fe'i gwelodd Ef! Yn wir, fe fedyddiodd Ioan ef. Am lawenydd! Am fraint!

Pam felly, fod Ioan wedi yngan y geiriau hyn i'r bobl a ddaeth ato? Geiriau beirniadol, wedi eu targedu at y Phariseaid a'r Sadwceaid a ddaeth i gael eu bedyddio (gweler cofnod Matthew 3 adn 7).

Ar ddechrau'r Testament Newydd, roedd gan Dduw sawl neges i'r bobl. Fe edrychwn yma ar ddwy ohonynt.

Yn gyntaf, roedd am iddynt ddeall nad oedd bod yn Iddew, ac yn ddisgynnydd i Abraham, yn ddigon i'w hachub. Ond y mae neges i ninnau yma hefyd oherwydd yn yr un ffordd, ni chawn ninnau ein hachub chwaith am i ni gael ein dwyn i fyny gan riant sy'n Gristion. Efallai bod ein bywyd wedi ei fowldio gan foesau Cristnogol, neu bod aelod o'n teulu yn gweddïo drosom. Neu efallai mynychwn gapel neu eglwys pan gawn ni'r cyfle. Ond pe byddai hynny'n ddigon i sicrhau ein hiachawdwriaeth, ni fyddai angen i Iesu Grist fod wedi dod a marw ar groes. Yn hytrach y mae proffwydoliaethau'r Hen Destament, a digwyddiadau'r Pasg, yn arwydd clir fod dynol ryw angen achubiaeth, ac mai drwy Iesu Grist yn unig y gallwn dderbyn iachawdwriaeth.

Yr ail neges, ydyw'r ffordd y dylai ffydd gael ei adlewyrchu yn ein bywydau a'n hymddygiad. Yn y Testament Newydd fe geir sawl cyfeiriad at ein hymddygiad a'n gweithredoedd fel ffrwyth da a drwg (Mathew 7 adn 15-20; 12 adn 33-37; Luc 6 adn 43-45), ac fe soniodd Iago, brawd Iesu am bwysigrwydd y berthynas rhwng ffydd a gweithredoedd da (Iago 2 adn 14-26). Mae'n debyg fod sawl un ohonom yn disgwyl y byddai rhywun â ffydd yn berson cyfeillgar, parod i helpu, ac yn byw yn ôl moesau eu ffydd. Mae'n debyg hefyd fod sawl un ohonom yn sylweddoli nad ydyw hyn bob amser yn digwydd. Yr oedd y Phariseaid a'r Sadwceaid yn bobl grefyddol mewn safleoedd pwysig a dylanwadol o fewn eu cymunedau. Ond rhagrithwyr oedd y mwyafrif ohonynt. Yn wir, fe fu Iesu Grist yn herio'u hymddygiad sawl gwaith. Ar un llaw gallwn ddadlau ei bod hi'n amhosibl bod yn ddi-bechod. Ond, unwaith eto, dyna pam yr anfonodd Duw Ei Fab, na phechodd unwaith, i farw drosom. Yn aberth bur drosom ni. Ond er i Iesu Grist farw drosom i'n hachub, ni allwn gymryd Ei aberth fel esgus i ninnau ymddwyn fel y dymunwn a gofyn am faddeuant ar ein gwely angau chwaith. Sut felly y gallwn geisio byw bywyd amhosibl? Fe soniwyd ddoe am Ysbryd Duw. Yn llythyr Paul at y Galatiaid disgrifir ffrwyth yr Ysbryd fel:
"...cariad, llawenydd, tangnefedd, goddefgarwch, caredigrwydd, daioni, ffyddlondeb, addfwynder, hunanddisgyblaeth. Nid oes cyfraith yn erbyn rhinweddau fel y rhain" (Galatiaid 5 adn 22-23).

Gweddi: Arglwydd Dduw, diolch fod achubiaeth ar gael i bob un ohonom, ac mai dewis personol ydyw. Diolch hefyd, nad trwy ein nerth ein hunain y gallwn ddilyn esiampl Iesu Grist, ond trwy nerth yr Ysbryd Glân ynom ni. Helpa ni i ddeall dy neges i ninnau heddiw. Yn Enw Dy Fab, Amen.

Pan oeddit dan y ffigysbren

Ioan 1 adn 43 – 51

Trannoeth, penderfynodd Iesu ymadael a mynd i Galilea. Cafodd hyd i Philip, ac meddai wrtho, "Canlyn fi." Gŵr o Bethsaida, tref Andreas a Pedr, oedd Philip. Cafodd Philip hyd i Nathanael a dweud wrtho, "Yr ydym wedi darganfod y gŵr yr ysgrifennodd Moses yn y Gyfraith amdano, a'r proffwydi hefyd, Iesu fab Joseff o Nasareth." Dywedodd Nathanael wrtho, "A all dim da ddod o Nasareth?" "Tyrd i weld," ebe Philip wrtho. Gwelodd Iesu Nathanael yn dod tuag ato, ac meddai amdano, "Dyma Israeliad gwerth yr enw, heb ddim twyll ynddo." Gofynnodd Nathanael iddo, "Sut yr wyt yn f'adnabod i?" Atebodd Iesu ef: "Gwelais di cyn i Philip alw arnat, pan oeddit dan y ffigysbren." "Rabbi," meddai Nathanael wrtho, "ti yw Mab Duw, ti yw Brenin Israel."

Ddoe fe welsom sut y gwnaeth Duw baratoi'r bobl ar gyfer dyfodiad Iesu Grist. Wedi cannoedd o flynyddoedd yr oedd proffwydoliaethau'r Hen Destament ar fin cael eu cyflawni. Ac yr hyn sy'n ddiddorol yn yr adnodau o'n blaen heddiw, ydyw'r ffordd y gwelwn yr Hen Gyfamod a'r Newydd yn cael eu cyflawni ar yr un pryd.

Dychmygwch y sefyllfa. Yr oedd Philip wedi cyfarfod Iesu Grist ac wedi sylweddoli mai Ef oedd y dyn y soniwyd amdano yn yr Ysgrythurau. Am brofiad! Bron fel petai'r peth yn anghredadwy. Ers cyfnod Moses roedd dyn, gan gynnwys cyn-deidiau Philip mae'n siŵr, wedi aros am ddyfodiad y Meseia. Ac yr oedd ef, Philip, wedi ei weld! Roedd yn amlwg wedi'i gyffroi ac am rannu ei newyddion gydag eraill. Ond ni chafodd yr un adwaith ar Nathanael, yn wir, i'r gwrthwyneb. Er hynny, mae'n amlwg y perswadiwyd Nathanael i fynd i weld Iesu.

Fe all yr hyn a ddigwyddodd nesaf gael effaith tra gwahanol arnom. Efallai i chi gael eich llenwi â hyder ac fe'ch cysurwyd. Efallai ddim - wedi'r cwbl drwy'r adnodau hyn fe sylweddolwn fod Iesu yn ein hadnabod ni i gyd, fel yr adnabyddodd Nathanael. A hynny cyn iddynt gyfarfod. Fe ddaw Salm 139 i'r cof, sy'n dechrau gyda'r geiriau: "ARGLWYDD, yr wyt wedi fy chwilio a'm hadnabod."

Roedd Philip yn iawn. Iesu Grist oedd yr un yr ysgrifennwyd amdano yn Ysgrythurau'r Israeliaid. Ond yng nghyfarfyddiad Nathanael ag Iesu gwelwn mai Meseia ac Iachawdwr *unigolion* ydyw Iesu hefyd.

Gweddi: Arglwydd Dduw, diolch am ddatguddio i ni Dy gynllun ar gyfer bob un ohonom. Helpa ni i gamu tuag atat, fel y gwnaeth Nathanael, a hynny er gwaethaf ein hofnau a'n hamheuon. Ac wrth i ni gamu a wnei Di roddi i ni Dy gysur a'th hedd, a'n galluogi i lawenhau am Dy fod yn ein hadnabod yn llwyr ac yn dal yn ein caru? Yn Enw dy Fab, a ddaeth i'n hachub, Amen.

Tywysennau'r ŷd

Marc 2 adn 23 – 28

*Un Saboth, yr oedd yn mynd trwy'r caeau ŷd, a dechreuodd ei
ddisgyblion dynnu'r tywysennau wrth fynd. Ac meddai'r Phariseaid
wrtho, "Edrych, pam eu bod yn gwneud peth sy'n groes i'r Gyfraith
ar y Saboth?" Dywedodd yntau wrthynt, "Onid ydych chwi erioed
wedi darllen beth a wnaeth Dafydd, pan oedd mewn angen, ac eisiau
bwyd arno ef a'r rhai oedd gydag ef? Sut yr aeth i mewn i dŷ Duw, yn
amser Abiathar yr archoffeiriad, a bwyta'r torthau cysegredig nad
yw'n gyfreithlon i neb eu bwyta ond yr offeiriad: ac fe'u rhoddodd
hefyd i'r rhai oedd gydag ef?" Dywedodd wrthynt hefyd, "Y Saboth a
wnaethpwyd er mwyn dyn, ac nid dyn er mwyn y Saboth. Felly y mae
Mab y Dyn yn Arglwydd hyd yn oed ar y Saboth."*

Yn y darlleniad heddiw fe welwn esiampl arall lle heriwyd y Phariseaid
ynglŷn â'u hymddygiad a'u credöau. Mae'n amlwg eu bod wedi astudio'r
Ysgruthurau, ac eto, dyfynnu o'r un Ysgrythurau yr oedd Iesu. Ond pan
oedd Iesu yn fwy pryderus fod ei ddisgyblion ar lwgu ac mewn angen, fel
yr oedd Brenin Dafydd, roedd y Phariseaid yn pryderu mwy am beidio â
thorri'r Gyfraith.

Wrth ddarllen rhai o lyfrau cynharaf y Beibl, megis llyfr
Lefiticus, fe gawn restr ar ôl rhestr o reolau. Ond rheolau a fyddai'n
sicrhau tri pheth pwysig. Yn gyntaf, maddeuant drwy gynnig yr offrymau
a ddynodwyd gan Dduw. Yn ail, iechyd a glanweithdra tra'r oedd yr
Israeliaid yn byw yn yr anialwch, ac yn drydydd, canllawiau i'w galluogi
i fyw fel pobl Dduw yn eu cymunedau newydd. Ar un llaw dim ond
rheolau ydynt, ond ar y llaw arall, gwelwn drwyddynt Greawdwr sy'n
caru ac yn gofalu am Ei bobl, ac am iddynt brofi iachawdwriaeth, iechyd
a brawdgarwch.

Yn y Testament Newydd fe ddarllenwn fod Iesu wedi dod i
gyflawni'r Gyfraith:
"Peidiwch â thybio i mi ddod i ddileu'r Gyfraith na'r proffwydi; ni
ddeuthum i ddileu ond i gyflawni. Yn wir, rwy'n dweud wrthych, hyd nes
i nef a daear ddarfod, ni dderfydd yr un llythyren na'r un manylyn lleiaf
o'r Gyfraith nes i'r cwbl ddigwydd. Am hynny, pwy bynnag fydd yn

dirymu un o'r gorchmynion lleiaf hyn ac yn dysgu eraill i wneud felly, gelwir ef y lleiaf yn nheyrnas nefoedd. Ond pwy bynnag a'i ceidw ac a'i ddysg i eraill, gelwir hwnnw'n fawr yn nheyrnas nefoedd. Rwy'n dweud wrthych, oni fydd eich cyfiawnder chwi yn rhagori llawer ar eiddo'r ysgrifenyddion a'r Phariseaid, nid ewch byth i mewn i deyrnas nefoedd" (Mathew 5 adn 17-20). Yna, yng ngweddill y bennod fe welwn bwysigrwydd ystyried gwir ysbryd y Gyfraith. Ystyriwch yr esiampl hon:

"Clywsoch fel y dywedwyd, 'Na odineba. Ond rwyf i'n dweud wrthych fod pob un sy'n edrych mewn blys ar wraig, eisoes wedi cyflawni godineb â hi yn ei galon'(adn 27-8). Yr un Iesu â ynghanodd y geiriau hyn ac a glywn yn y darlleniad heddiw. Nid dyma'r math o ddysgeidiaeth y byddai rhywun yn ei ddisgwyl gan un sydd am ddiddymu cyfreithiau Duw. Ond fel y dangosodd Iesu, ni ddylwn roddi mwy o bwyslais ar reol, gorchymyn, neu foes Gristnogol heb gofio pam y'u rhoddwyd yn y lle cyntaf. Nac ychwaith ystyried yr adnodau o'n blaen heddiw fel esgus i dorri cyfraith Duw ar bob cyfle neu pan fo chwant yn mynnu.

Fe allai pob un o'r Israeliaid yn yr anialwch, a phob un ohonom ni, geisio cadw pob rheol a moes Iddewig a Christnogol, heb ystyried am eiliad pam. Ond wrth ofyn pam, rydym ni'n llai tebygol o ddod i'r un casgliadau a wnaeth y Phariseaid.

Gweddi: Arglwydd Dduw, diolch am dy ofal drosom a thros yr Israeliaid drwy roddi i ni Dy gyfreithiau i'n dysgu sut i fyw. Mor hawdd ydyw addoli 'crefydd' yn hytrach na cherdded mewn ffydd, ond heddiw gofynnwn i Ti i'n helpu i gerdded yng nghamau Dy fab Iesu Grist, i fyw mewn ffydd, nid yn gaeth yng nghadwynau crefydd. Yn ei enw Ef, Amen.

Hadau
Mathew 13 adn 1-9; 19-23

Y diwrnod hwnnw aeth Iesu allan o'r tŷ ac eisteddodd ar lan y môr.
Daeth tyrfaoedd mawr ynghyd ato, nes iddo fynd ac eistedd mewn
cwch, ac yr oedd yr holl dyrfa yn sefyll ar y lan. Fe lefarodd lawer
wrthynt mewn damhegion, gan ddweud: "Aeth heuwr allan i hau. Ac
wrth iddo hau, syrthiodd peth had ar y llwybr, a daeth yr adar a'i
fwyta. Syrthiodd peth arall ar leoedd creigiog, lle ni chafodd fawr o
bridd, a thyfodd yn gyflym am nad oedd iddo ddyfnder daear. Ond
wedi i'r haul godi fe'i llosgwyd, ac am nad oedd iddo wreiddyn fe
wywodd. Syrthiodd hadau eraill ymhlith y drain, a thyfodd y drain a'u
tagu. A syrthiodd eraill ar dir da a ffrwytho, peth ganwaith cymaint, a
pheth ddeg ar hugain. Y sawl sydd â chlustiau ganddo,
gwrandawed...Pan fydd unrhyw un yn clywed gair y deyrnas heb ei
ddeall, daw'r Un drwg a chipio'r hyn a heuwyd yn ei galon. Dyma'r
un sy'n derbyn yr had ar hyd y llwybr. A'r un sy'n derbyn yr had ar
leoedd creigiog, dyma'r un sy'n clywed y gair ac yn ei dderbyn ar ei
union yn llawen. Ond nid oes ganddo wreiddyn ynddo'i hunan, a
thros dro y mae'n para; pan ddaw gorthrymder neu erlid o achos y
gair, fe gwymp ar unwaith. Yr un sy'n derbyn yr had ymhlith y drain,
dyma'r un sy'n clywed y gair, ond y mae gofal y byd hwn a hudoliaeth
golud yn tagu'r gair, ac y mae'n mynd yn ddiffrwyth. A'r un sy'n
derbyn yr had ar dir da, dyma'r un sy'n clywed y gair ac yn ei ddeall,
ac yn dwyn ffrwyth ac yn rhoi peth ganwaith cymaint, a pheth
drigain, a pheth ddeg ar hugain."

Mae'n bosib mai dyma un o'r damhegion mwyaf adnabyddus yn y Beibl.
Fel hanes Noa mae'n rhan o atgofion Ysgol Sul a dosbarthiadau addysg
grefyddol yr ysgol. Ond tybed sawl un ohonom fyddai'n cofio'r adnod
gyntaf neu wedi tynnu llun wedi'i seilio arni? Ar ôl darllen a chlywed yr
adnodau ddegau o weithiau, fe'm trawyd am y tro cyntaf gan gyd-destun
y ddameg. Wrth gymryd munud i ddychmygu'r olygfa, rhyfeddais ar y
perspectif a gafodd Iesu wrth iddo eistedd ar lan y môr, a gweld y dyrfa'n
tyfu ac agosáu. Mae'n ddigon posibl mai'r munudau hynny a ysgogodd
Ef i rannu'r ddameg arbennig hon.

Fel y gwelsom yn hanes Nathanael, y mae Iesu Grist yn adnabod bob un ohonom, ac wrth i'r dyrfa agosáu tuag ato fe fyddai wedi gweld mwy na thyrfa. Fe fyddai wedi gweld casgliad o unigolion, wedi dod i'w ganfod, a hynny am gant a mil o resymau. Efallai bod rhai wedi'u hysgogi gan ffrindiau i fynd i'w weld, fel y cafodd Nathanael.

Efallai bod rhai yn chwilio am iachâd, ac eraill yn chwilio am stori dda ac awr o ddiddanwch. Ac i eraill, efallai mai chwilio am atebion oeddent gan yr Athro, neu'n gobeithio gweld gwyrth a phrawf mai Iesu oedd y Meseia. O'i flaen felly fe welai Iesu, yn drosiadol, unigolion a'u sefyllfaoedd, a'u parodrwydd i dderbyn ei neges, fel creigiau, a llwybrau, a thir da, a thir lle'r oedd drain yn llechu. Wrth wybod hyn oll, mor hawdd y byddai wedi bod Iddo droi cefn ar y dorf a chanfod man arall i eistedd a mwynhau munud o lonyddwch ger y môr. Ond mentrodd i hau - drwy adrodd y ddameg - a gadael i'r had syrthio ble bynnag y byddai.

Mae'r ddameg yn disgrifio sawl math o rwystr i neges yr Efengyl berfeiddio'n holl fywyd. Ond wrth ddod yn ymwybodol ohonynt, gall fod yn haws i ni eu hadnabod yn ein bywydau ein hunain, a cheisio delio â hwy. Tybed a ydych chi yn y gorffennol wedi clywed neges Duw am ei Fab Iesu Grist, ond erioed wedi ei ddeall ar lefel bersonol o'r blaen. Neu efallai eich bod wedi derbyn Iesu Grist fel eich Hiachawdwr, ond fod digwyddiadau yn eich bywyd wedi tagu eich ffydd, a'ch bod yn teimlo ar goll. Ond er gwaethaf pob dim mae Duw, fel y gwelsom drwy gydol yr Hen Destament, yn aros yn eiddgar i ni droi yn ôl ato – ac i ofyn iddo am gymorth.

Gweddi: Arglwydd Dduw, wrth i ni ystyried dameg yr heuwr yng ngoleuni ein sefyllfaoedd ni, helpa ni i orchfygu unrhyw rwystredigaeth er mwyn i ni fedru tyfu gwreiddiau yn ddwfn ynot ti. Yn Enw Iesu Grist, a aberthodd ei fywyd er ein mwyn, Amen.

Yr Had yn Tyfu
Marc 4 adn 26-29

Ac meddai, "Fel hyn y mae teyrnas Dduw; bydd dyn yn bwrw'r had ar y ddaear ac yn cysgu'r nos a chodi'r dydd, a'r had yn egino ac yn tyfu mewn modd nas gŵyr neb. Ohoni ei hun y mae'r ddaear yn dwyn ffrwyth, eginyn yn gyntaf, yna tywysen, yna ŷd llawn yn y dywysen. A phan fydd y cnwd wedi aeddfedu, y mae'n bwrw iddi ar unwaith â'r cryman, gan fod y cynhaeaf wedi dod."

Gallwn ddysgu llawer am y daith Gristnogol wrth ystyried byd natur a phlanhigion. Yn wir, fel y gwelsom yn ystod yr wythnosau diwethaf, fe ddefnyddiwyd natur gan Dduw mewn sawl delwedd, dameg a phroffwydoliaeth. Yma, mae dau agwedd o fyd natur yn disgrifio elfennau o fywyd y Cristion a dyfodiad Teyrnas Dduw.

Yn gyntaf, fe geir sôn am y dirgelwch sydd ynghlwm â thyfiant planhigion. Yn wir, er gwaethaf holl ddealltwriaeth dyn, y mae'r peth dal yn wyrthiol. Ystyriwch y ffaith am funud bod un hedyn yn medru tyfu'n blanhigyn a all roddi lloches a bwyd i ddyn, cynhyrchu ocsigen, a bod yn rhan o brydferthwch byd natur. Mae'r peth yn rhyfeddod, ac eto mae'n digwydd o'n cwmpas drwy'r amser.

Mae rhodd Duw o iachawdwriaeth, drwy ei Fab, yn wyrth ac yn rhyfeddod hefyd. Ac mae canlyniad aberth Duw a'i Fab ar waith o'n cwmpas yn y byd hefyd, hyd yn oed os nad ydym yn ymwybodol o'r peth.

Yn ail, wrth i ni fyw fel Cristnogion fe ddylwn aeddfedu a thyfu yn ein ffydd. Ond, fel yr hedyn, Duw sy'n ein galluogi i dyfu, os ydym yn fodlon. Fel yr ysgrifennodd Paul:
"Y nod yw dynoliaeth lawn dwf, a'r mesur yw'r aeddfedrwydd sy'n perthyn i gyflawnder Crist. Nid ydym i fod yn fabanod mwyach..." (Effesiaid 4 adn 13-14). Mae'r ddelwedd o fabanod yn un a gaiff ei hailadrodd sawl tro yn y Testament Newydd wrth sôn am aeddfedrwydd ysbrydol, megis yn yr adnodau canlynol (1 Pedr 2:2; Hebreaid 5 adn 12-13; 1 Corinthiaid 3:2). Ond yr hyn sy'n ddiddorol yn yr adnodau hyn yw'r agwedd fod rhaid i *ninnau* gymryd camau er mwyn tyfu ac aeddfedu. Oherwydd, yn yr un ffordd ag y mae Duw wedi rhoi dewis i ni

dderbyn Iachawdwriaeth drwy Ei Fab, y mae hefyd yn rhoi'r dewis i ni aeddfedu yn ein ffydd. Mae'n wir ein bod ni gyd yn dechrau'r daith Gristnogol fel babanod newydd anedig, ond nid fel hyn y mae Duw am i ni aros. Fel y dywedodd Paul wrth y Corinthiaid yn ei lythyr cyntaf atynt: "Pan oeddwn yn blentyn, fel plentyn yr oeddwn yn llefaru, fel plentyn yr oeddwn yn meddwl, fel plentyn yr oeddwn yn rhesymu. Ond wedi dod yn ddyn, yr wyf wedi rhoi heibio bethau'r plentyn" (13 adn 11).

Mae'n sialens i bob Cristion. Ond wrth i ni dyfu yn ysbrydol yr ydym yn dod â chlod i Dduw ac yn tystiolaethu i eraill ei fod yn bodoli ac yno i bob un ohonom. Fe welwn hefyd, ynom ein hunain, ffrwyth ein tyfiant yn aeddfedu, ac efallai y daw'r cyfle i'w ddefnyddio, o bryd i'w gilydd, i fwydo eraill.

Gweddi: Arglwydd Dduw, diolch am ryfeddod creadigaeth a'r modd yr wyt yn ein dysgu am y daith Gristnogol drwy fyd natur. Wrth i ni ystyried y sialens o'n blaen dyro i ni'r gallu a'r dewrder i gamu ymlaen a cheisio aeddfedu fel Cristion. Yn Enw dy Fab, Amen.

Morwydden
Luc 17 adn 5-6

Meddai'r apostolion wrth yr Arglwydd, "Cryfha ein ffydd." Ac meddai'r Arglwydd, "Pe bai gennych ffydd gymaint â hedyn mwstard, fe allech ddweud wrth y forwydden hon, 'Coder dy wreiddiau a phlanner di yn y môr', a byddai'n ufuddhau i chwi."

Mae'r ddelwedd a ddaw i'r meddwl wrth ddarllen yr adnodau hyn yn siŵr o ddod â gwên i'ch gwefus a chrychau i'ch talcen! Tybiaf fod rhai o'r disgyblion wedi bod mewn penbleth hefyd ar ôl clywed ymateb Iesu. Sawl tro yr wyf i wedi dychmygu coeden yn cerdded tuag at y môr, a chriw o'r disgyblion yn cychwyn cystadleuaeth i weld pwy allai lwyddo i gwblhau'r fath gamp. Ond mae'n anhebygol iawn mai gwir bwrpas ymateb Iesu ydoedd creu darlun digri i ni a phôs i'r disgyblion!

Trown yn ôl am ennyd at yr hyn y buom yn myfyrio arno ddoe – aeddfedu fel Cristion. Credaf bod aeddfedu yn ysbrydol yn golygu rhywfaint o dyfu mewn ffydd. Pan fuom yn ystyried Salm 29 rai wythnosau yn ôl edrychwyd ar bwysigrwydd dod i adnabod Duw er mwyn medru ymddiried ynddo. Mae'r un peth yn wir pan geisiwn gryfhau a thyfu mewn ffydd. Dim ond trwy ddysgu mwy am yr Un yr ydym yn rhoi ein ffydd ynddo, a phrofi ei fod yn rhywun y gallwn ymddiried ynddo, y gwnaiff ein ffydd ynddo dyfu.

Mae'n bosibl y profwn adegau pan fydd galw i ni roi ein ffydd yn Nuw mewn ffordd hollol ymarferol, ac efallai y bydd cymryd y fath gam yn teimlo'n od. Yn wir, ar adegau, bydd y camau y cawn ein galw i'w dilyn yn creu cymaint o benbleth â gofyn i forwydden godi ac ail-blannu yn y môr, megis profiad Gideon a aeth i ryfel gyda 300 o ddynion, wedi dilyn canllawiau Duw (Barnwyr 7).

Ond os ydym yn gobeithio *tyfu* ac aeddfedu mewn ffydd mae angen i ni *roi* ein ffydd yn Nuw. Ond ydym ni'n barod i wneud hynny? Mor hawdd yr ydym oll yn rhoi ein hymddiried yn ein penderfyniadau a'n hadnoddau ein hunain. Ond wrth ddod yn Gristion rydym yn dechrau symudiad i'r gwrthwyneb. Hynny yw, wrth i ni roi ein bywydau yn nwylo Duw, a derbyn nad oes dim y gallwn ni ei wneud i dderbyn iachawdwriaeth, rydym yn cymryd y cam cyntaf i ymddiried ynddo Ef.

Ac eto, dim ond trwy fyw o ddydd i ddydd yng ngoleuni ein penderfyniad i fod yn Gristion, y gallwn wireddu ein penderfyniad. Wedi'r cwbl, yn aml, dyna pryd y mae eraill yn sylwi fod gwneud y dewis i ddod yn Gristion yn newid bywydau credinwyr. Megis yn nameg yr heuwr, fe welir datblygiad yr hedyn yn cael ei effeithio gan ei amgylchedd a'i sefyllfa. Weithiau, fel yr hedyn, ni allwn newid ein hamgylchfyd, ond fe allwn newid ein hymddygiad a'n hagwedd.

Yr hyn sy'n galonogol yn yr adnodau o'n blaen heddiw, yw'r ffaith nad oes angen ffydd megis mynydd neu goeden anferth, ond yn hytrach megis hedyn mwstard. Wrth i ni dyfu yn ein hymddiriedaeth yn Nuw, mae'n bosibl bydd ein ffydd yn tyfu fel y tyfa'r hedyn mwstard yn goeden. Ond yr hyn sydd ei angen yn y lle cyntaf, pa ots mor fawr, neu fach, ydyw ffydd.

Gweddi: Arglwydd, diolch dy fod yn ein dysgu fwy fwy amdanat Ti er mwyn ein galluogi i ymddiried ynot Ti. Wrth i ni ystyried unwaith eto y sialens o'n blaen, i aeddfedu'n ysbrydol a thyfu mewn ffydd, bydd gyda ni. Yn Enw Iesu Grist, Amen.

Hen Ŵr

Luc 19

Yr oedd wedi dod i mewn i Jericho, ac yn mynd drwy'r dref...

Mae'n rhagorol y fath effaith y caiff suon ar bobl. Does ond angen iddyn nhw glywed hanner stori i bawb ddechrau sibrwd a chyffroi, a does neb fel petaen nhw'n meddwl gofyn os oes unrhyw wirionedd i'r cyfan. Dyna pam mae'r lle mor brysur. Mae'r stryd ma wedi bod yn brif ffordd ers cyn co, ond mae heddiw yn waeth nag erioed. Does dim lle i mi anadlu. Does dim lle i ddim byd. Felly sut y gall O gerdded ffordd hyn wn i ddim. Mae'n siŵr y gwnaiff o ddewis ffordd arall drwy Jerico – hynny ydi os ydi o yma o gwbl. Si, hanner stori. Dyna' i gyd ond...

> **"Mae o yma"**
>
> **"Mae o yma."**

...Wel wir, wela i ddim byd, ac os fedra i ddim gweld, mae'n ddigon tebyg NAD ydi o yma! Bobl wirion. Pam na awn nhw'n ôl i weithio a gadael i ni breswylwyr y stryd gael 'chydig o heddwch? Mae gwres llethol yr haul yn ei gwneud hi'n ddigon anghyfforddus fel ma'i ond mae arogl chwys y bobl a'u hanifeiliaid yn codi cyfog arna i. Mae'r holl stryd dan ei sang, a'r palmant yn grwgnach dan y cyfan - a does DIM i'w weld. Pam eu bod nhw'n mynnu gwthio 'mlaen? (A ma nhw'n deud bod defaid yn wirion!)

Mae'r dorf yn dal i dyfu ac yn symud fel un creadur byw, anferth heb unrhyw fodd i'w reoli. Dwi'n synnu nad oes milwr Rhufeinig neu dri yma i gadw trefn. Er, falle'u bod nhw'n gwybod nad oes dim gwirionedd i'r si ac yn gobeithio y gwnaiff y creadur sylweddoli hynny cyn bo hir a diflannu'n ôl i'w gynefin. Mae'n ofnadwy o boeth hefyd, mae'n siŵr eu bod nhw'n gorffwys yn y cysgod yn cogio glanhau eu harfwisgoedd.

Mae'r 'creadur' wedi cynhyrfu'n llwyr...

MAE O YMA....

MAE O YMA....

Wel, oes mae na rywun yma, ond dydi o'm yn edrych fel y math o ddyn fyddai'n denu torf. Mae o'n cerdded, ac mewn dillad digon cyffredin...dwi'n synnu fod y creadur wedi ystyried bod Hwn yn reswm i adael ei gartref. Ac eto mae o wedi cynhyrfu'n lân... tybed pwy ydi O?

O mae na rywbeth yn fy nghosi. Does dim byd gwaeth a hithau mor boeth.

Mae o'n gwaethygu ac yn symud i fyny nghorff i . . .

...O! Mae na rywun yn trio dringo arna i. Dwi'n HEN ŴR! Yn llawer rhy hen i gael plant yn dringo drosta' i gyd. Lle ma'u rhieni? Wir yr, ma'r peth yn anfoesgar. Mae o'n tynnu ar fy nghanghennau. Drapia eu bod nhw mor isel i'r llawr. Pam na allwn i fod yn goeden wahanol? Coeden a changhennau uchel, mawreddog yn ymestyn tuag at y nefoedd, yn lle hen rai byrdew yn anelu at y palmant?

O mae o'n dringo'n uwch ac yn uwch.
YCH A FI!! O mae o'n ffiaidd!
Nid plentyn ydi o o gwbl...ond...o..fedra i'm hyd yn oed deud i enw. Ond mae o'n ddigon enwog yn y cyffiniau. Mae'n siŵr i fod o'n trio dringo fyny i guddio rhag rhywun mae o wedi'i dwyllo. O, pam FI? Dwi'n loches i droseddwr - ac os wêl rhywun ef, fydd pawb yn ymosod. O fy nail, fy nghanghennau...be na i? Be na i?...O am ddewis. Cydweithiwr, dihiryn neu ferthyr er da?! O dwi'n hen ddyn...yn rhy hen i fod yn rhan o hyn i gyd.

Mae O fel petai o'n llithro drwy'r dorf. Fedra i weld rŵan sut ddechreuodd y si i fod o wedi cerdded ar ddŵr. Er falle fod ganddo rhyw bŵerau arbennig. Wedi'r cwbl - mae o wedi llwyddo i gynhyrfu holl Jerico a hanner y wlad o gwmpas. Wir yr, mae o'n wyrth o ystyried faint o bobl 'grefyddol' sy'n treulio'u dyddiau ar y strydoedd yn paldaruo am eu pwysigrwydd a chrefydd.

Mae o'n beth od hefyd nad ydi'r dorf yn rhy siŵr be i 'neud rŵan. Mae na rai sy'n ceisio'i ddilyn O ar hyd ei daith, eraill sy'n sefyll a rhythu a sibrwd gyda'u cymdogion a rhai yn ymbilio'n ddigwilydd arno am rywbeth neu gilydd. Ac mae na rai yn crïo, ie - crïo, wel wir, pam tybed? Falle mai'r gwres sy'n ormod iddyn nhw. Ond ma hwn yn cyffroi'n lân yma. Yn trio dringo'n uwch ac yn uwch, yn trio gweld Y DYN. Od hefyd o ystyried mod i wedi'i weld o fwy nag unwaith yn dianc wrth weld un o'r bobl 'grefyddol' eraill yn cerdded tuag ato. Oes, mae 'na rywbeth yn wahanol am Hwn.

O mae na dunnell o bobl yn gwasgu yn fy erbyn, yn rhwbio ac yn niweidio'n rhisgl. Mae O'n agosáu, a'r dorf yn cau o'm hamgylch.
'Cer ffordd arall... plîs, pwy bynnag wyt ti, cer ar hyd y stryd acw!'
O fedra i'm anadlu... ac mae na eraill yn trio sefyll ar fy nghanghennau isaf, eu gorffwylltra'n eu hannog yn uwch ac yn uwch. Pobl ar ben ysgwyddau. Pobl ar doeau. Pobl yn hongian ar ganghennau, a llygaid disgwylgar, gwyllt yn fflachio ymhob man. Ond mae na rai yn hanner cuddio ar gorneli... yn methu penderfynu ai aros neu ddianc... ar groesffordd, yn rhy ofnus i symud.

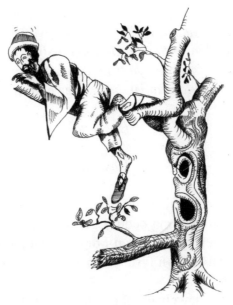

Cha i ddim dianc...Ond, o pe cawn i'r cyfle fe hoffwn i droi'n aderyn i gael dianc i wlad oer, heb strydoedd, a phobl, a sŵn – o am freuddwyd. Breuddwyd sy'n aml yn temtio, ond fyth mwy na heddiw. Mae heddiw'n waeth na phan mae'r adar yn nythu yn fy nghanghennau ac yn mynnu f'atgoffa na fedra i ehedeg ymaith.
'O pam nad aiff o ar hyd ffordd arall...ymhell bell o fan yma... O pam y ces i mhlannu YMA o bob man...?'

Gweddi: Arglwydd, helpa fi i ddeall dy fod yn caru bob un ohonom, ac am i bawb glywed dy newyddion da a chael eu hachub. Derbyn fi, fel yr wyf, a helpa fi i dderbyn pawb yn dy enw Di, Amen.

Palmwydd
Ioan 12 adn 12-13

Trannoeth, clywodd y dyrfa fawr a oedd wedi dod i'r ŵyl fod Iesu'n dod i Jerwsalem. Cymerasant ganghennau o'r palmwydd ac aethant allan i'w gyfarfod, gan weiddi:
"Hosanna! Bendigedig yw'r un sy'n dod yn enw'r Arglwydd,
yn Frenin Israel."

Dwi'n dawnsio, ac islaw y mae'r byd i gyd yn dawnsio gyda mi.
Môr o fysedd gwyrdd yn cyd-symud heb yr un coreograffydd.
Traed yn troelli a chwyrlio.
Lleisiau yn atsain mewn unsain.

"Hosanna!"

"Hosanna!"

Y tro diwethaf y darllenais yr adnodau hyn fe geisiais unwaith eto i syllu drwy'r canghennau a dyma oedd y geiriau a ddaeth i'm meddwl. Fe'm trawyd sut y gall ceisio dychmygu'r digwyddiad, drwy ddefnyddio'n holl synhwyrau, ddod â darn yn fyw. Ac yn aml fe welwn rywbeth newydd yn yr adnodau o'n blaen.

Tybed beth a welwch chi wrth ailddarllen yr adnodau? Beth a flaswch, a chlywch, a theimlwch, wrth ddychwelyd at y darn a dod yn rhan o'r dorf? Yn rhan o'r ddawns o dan enfys y palmwydd...

Gweddi: Arglwydd Dduw, diolch am roddi i ni ein synhwyrau ac eto mor fud ac mor ddall yr ydym yn aml. Heddiw, gad i ni glywed, ac arogli, a blasu. Gad i ninnau fod yn rhan o'r ddawns hefyd. Yn Ei enw Ef, Amen.

Dechrau Deilio
Luc 21 adn 29-33.

Adroddodd ddameg wrthynt: "Edrychwch ar y ffigysbren a'r holl goed. Pan fyddant yn dechrau deilio, fe wyddoch eich hunain o'u gweld fod yr haf bellach yn agos. Felly chwithau, pan welwch y pethau hyn yn digwydd, byddwch yn gwybod fod teyrnas Dduw yn agos. Yn wir, rwy'n dweud wrthych, nid â'r genhedlaeth hon heibio nes i'r cwbl ddigwydd. Y nef a'r ddaear, ânt heibio, ond fy ngeiriau i, nid ânt heibio ddim."

Roedd Iesu Grist yn nesáu at ei groeshoeliad pan adroddodd y ddameg hon i'w ddisgyblion. Yn y bennod hon fe glywn Iesu yn rhoddi sawl proffwydoliaeth iddynt ac yn esbonio rhai o'r digwyddiadau a fyddai'n digwydd cyn iddo Ef ddychwelyd. Wedi cyd-gerdded gyda Iesu am dair blynedd, a'i ystyried fel cymrodor, ffrind ac athro, un a fu'n rhannu damhegion â miloedd, yn iachau bob clefyd, ac yn adnabod pawb. Yn awr, y mae'r disgyblion yn clywed mwy a mwy am yr hyn yr oedd Iesu Grist ar fin ei wynebu, ac am yr hyn a fyddai o'i blaen. Dychmygwch glywed yr adnodau hyn:
..."Ar y ddaear bydd cenhedloedd mewn cyfyngder yn eu pryder rhag trymru ac ymchwydd y môr. Bydd pobl yn llewygu gan ofn wrth ddisgwyl y pethau sy'n dod ar y byd; oherwydd ysgydwir nefoedd y nefoedd" (Luc 21 adn 25-26). Gellir gofyn pam y dewisodd Iesu ateb ei ddisgyblion mewn ffordd mor fyw. Ond fel y gwelsom drwy gydol yr Hen Destament y mae Duw a'i Fab am i ddynol ryw gael eu hachub ac am eu rhybuddio.

Er na wyddwn pryd y bydd Iesu yn dychwelyd i'r ddaear (Luc 21 adn 34-38) y mae Cristnogion yn credu nad oes unrhyw amheuaeth y daw. Yr oedd Iesu Grist yn benderfynol o roddi cymaint o ffeithiau ag oedd yn bosibl i'w ddisgyblion, ac mewn tro i ninnau. Gallwn ddarllen y Beibl a myfyrio arno fel llyfr o farddoniaeth, a llyfr hanesyddol. Ond nid dyna wir amcan Duw drwy ei roddi i ni. Fe ddewisodd farddoniaeth, a damhegion a storïau i ail-adrodd yr un neges ar hyd y canrifoedd, ac o un genhedlaeth i'r llall. Ac fel y dywedodd Iesu ar ddiwedd y ddameg hon:

"Y nef a'r ddaear, ânt heibio, ond fy ngeiriau i, nid ânt heibio ddim." Dwy fil o flynyddoedd yn ddiweddarach mae geiriau Iesu mor wir ag erioed ac mae'n aros i ninnau ymateb iddynt a'u derbyn yn ein calonnau.

Gweddi: Arglwydd Dduw, fel ag y mae planhigion yn deilio yn arwydd fod yr haf ar ddyfod, gad i'r adnodau hyn fod yn arwydd i ni o bwysigrwydd ymateb i ddigwyddiadau'r Pasg. Wrth nesáu yn awr at y Groes dyro i ni ddealltwriaeth o'r newydd am ei berthnasedd i'n bywydau ni. Yn Enw'r hwn a fu farw drosom bob un, Amen.

Brenín
Luc 22 adn 39

Yna aeth allan, a cherdded yn ôl ei arfer i Fynydd yr Olewydd...

Mae'n dawel heno, ond mae na storm yn bygwth ffrwydro tu mewn i mi. Mae rhywbeth ar droed...

...cysgodion rhwng y coed. Ffurfiau di-ffurf, tywyll...Fflach o arian. Clinc metal yn erbyn metal...cysgodion....

Sibrydion yn atsain yn fy mhen ac yn y canghennau uwchben – yn fy mhoenydio...

Be am ddianc?

Fedra i ddim...mae'n nhraed wedi'u rhwymo.

Mae'r cysgodion yn ymrithio o mlaen i...yr arian yn disgleirio dan y lloer-ai lledrith y lleuad ydi hyn?

Mae'r ffurfiau tywyll yn tyfu...yn fyddin o'm cwmpas...yn fy moddi...

Roedden nhw'n fy addoli i ddyddiau'n ôl. Roeddwn i'n frenin ac yn werthfawr. Eu gofal ohonof yn dyner a charedig. Eu geiriau yn gysur i mi, a'u caneuon yn llawn moliant. Ond heno, mae'u geiriau'n fy melltithio a'u dwylo garw yn cydio amdanaf fel petawn i'n garcharor.

Mor gyflym y trodd dydd yn nos.

Pam fy nghymryd i yng nghanol nos a'm hebrwng i dŷ? Nid yma y dylwn i fod. Mae'n nhw'n poeri arnaf ac ar draddodiadau'r blynyddoedd. Eu lleisiau'n codi'n don fygythiol drosof.

Ddylai eu pennaeth wybod pwy ydw i gyda'i holl wybodaeth ac addysg, a rhoi taw ar fygythiadau'r lleill. Ond mae na wên slei sy'n ceisio diflannu i gorneli ei wefusau – Ddylai o wybod. Dwi'n frenin-pam wnaiff o'm tewi'r storm...cyn i mi foddi...

Mae'r dadlau'n fyddarol. Tybed oes rhai yn dadlau i'm hachub? A wnaiff rhywun fy nwyn ymaith o'r rhyfel yma cyn i'w geiriau droi yn gleddyfau? Wnaiff rhywun f'adnabod?

Mae'r don o gernodion yn tasgu drosof. I ddechrau, dim ond teimlo eu chwys wnes i. Ond yn awr does dim ond poen - eu caledeni garw yn crafu fel papur tywod. Ddoe, canghennau oedd yn goglais a dail fu'n anwesu fy nghroen wrth chwifio yn y gwynt. Ond heddiw - poen cywilydd sy'n llosgi fy ngrudd.

Gwatwar a dadlau ym mhob man yr awn ni – fi a'm hebryngwyr. Ond does neb am gymryd cyfrifoldeb amdanaf. Does neb am ofalu amdanaf. Neb am olchi fy nghlwyfau a'm hadfer i'r hyn oeddwn i mewn oes gynt - Neithiwr. Efallai mae fy ngolwg digwsg sydd ar fai, neu'r cleisiau sy'n dechrau ymddangos. Pam nad oes neb yn syweddoli pwy ydw i? Dwi'n FRENIN.

O'r diwedd falle y gwnaiff hwn roi taw a'r y cyfan. Mae'n amlwg ei fod o'n sylweddoli mod i'n wahanol ac yn anfodlon fy nghamdrin. Oes ganddo'r grym i dawelu'r gweddill? Efallai, pe bai'n dangos drwy esiampl. Mae ei wraig o fel petai hi am iddo fy arbed i rhag mwy o gamdriniaeth. Diolch amdani.
Mae'n ddydd unwaith eto... Fe gilia hunllefau a chleisiau tywyll neithiwr yn yr haul.

Brenin Rhan 2

Mae llais y mwyafrif wedi ennill y dydd... pam na wnaiff o sefyll o'u blaen a'u gwrthod? Pam ei fod yn cilio a'm gadael yma-fy ffawd yn eu dwylo amhrofiadol? Be wyddan nhw am drin brenin? Nid creadur diwerth ydw i-ond Brenin. Pam na ddaw o nôl a'm hachub? Pam golchi ei ddwylo ond gadael i ddwylo budr y lleill i'm trin?

Dwi'n noeth....Sut 'allan nhw ddwyn fy mharchusrwydd fel hyn? O pe gwyddai fy nhad am hyn... Mae'n warth ar y linell frenhinol.

....Y boen....

Fy nghroen yn gribinion, eu hofferynnau arteithio yn rhwygo a stripio fy hunaniaeth....Fy nghorff yn ddim mwy na llarpiau tu hwnt i unrhyw adnabyddiaeth. Mae nhw'n fy nghalw i'n frenin rŵan! Ond fe welaf y gwatwar yn eu lleisiau a'u gwên – eu poer dirmygus yn llifo yn fy nghlwyfau.

Does dim geiriau bellach....Dim ond pwysau cywilydd a thristwch. Mewn oes gynt roeddwn i'n frenin yng ngwir ystyr y gair. Yn awr dwi'n ddim mwy na llwch y llawr. Yma ar lawr y stafell lychlyd, fudr fe glywaf eiriau'r dorf yn curo'n fygythiol yn erbyn y waliau a'r drws – eu perchnogion yn aros yn eiddgar am eu hysglyfaeth.

Dwi wedi 'ngollwng yng nghanol y dorf heb i neb geisio rhoi balm ar fy nghlwyfau.

Mae lleisiau'r dorf yn atseinio yn ôl o'r waliau a dirmyg yn y gwynt. Oes yna rywun sy'n f'adnabod? Be am y rheiny a fu'n byw gyda mi, yn gofalu amdana i....ydw i tu hwnt i'w hadnabyddiaeth a'u cysur nhw hyd yn oed? Neu oes ganddynt ormod o gywilydd i ddod ata i?

Mae'r dorf yn don yn ymchwyddo ac yn pwyso yn fy erbyn ond nid ceisio bod yn agosach at eu brenin y maent – dim ond nesáu i mi deimlo eu poer a'u gwatwar, ac ambell hergwd. Does dim cysur yn yr un cyffyrddiad. Gwelaf ddagrau'n llifo ar ambell rudd. Ond ni allant fy achub. Does neb i'm hachub.

Mae rhywun yn ceisio fy nghario – i ble yn awr?

Dwi'n FRENIN.

Da ni'n dal i ddringo. A gaf i fy nghario uwch ben y dorf i ddianc yng nghanol y cymylau...a gaf i fy nhrawsffurfio i'r hyn oeddwn i gynt? Yn frenin teilwng. Yn frenin i'w addoli. Yn frenin yn nheml y bobl. Y bobl yma. Y dorf yma... Fe fu rhai ohonynt yn dangos parch tuag ataf unwaith ac fe wyddai eu cyndeidiau am fy mhwysigrwydd. Ond rhain...Oes unrhyw obaith bellach?

O'r diwedd mae rhywun eisiau i bawb wybod mod i'n frenin. Mae'r plac yn fudr, ond pa ots. O leia fe gaiff pawb weld pwy ydw i... BRENIN...

Sut fedra nhw - y bradychwyr. SUT? Doedd yr artaith corfforol yn ddim o'i gymharu â hwn. I gael fy uno â rhywbeth mor fudr, a gwan, ac israddol. Hen ddarn pydredig wedi'i osod yn y ddaear yn aros i mi gael fy hoelio arno. Pam na allwn i aros fel ydw i... mae bod yn y cyflwr yma yn ddigon drwg. Ond hwn? Mae'n fwy na sarhad.

Dwi'n FRENIN!

O leia rydw i uwchben y dorf o'r diwedd-lle dylwn fod...wedi'r cwbl dwi yn Frenin. Ond Brenin yr Iddewon-am deitl. Am anrhydedd. Fe fu fy nghyn-deidiau yn nheml Solomon. Ond yn awr, dyma fi...
...Ond pwy ydi hwn sy'n gorwedd arna i? Mi wn am y ddau bob ochr i mi. Maen nhw'n enwog yn y cyffiniau. Ond hwn? Pwy ydi o?

"...Wyt tithau hefyd yn Frenin? Ai ti ydi Brenin yr Iddewon-nid fi? Ond pam wyt ti yma? Be wnest ti o'i le? Nid dyma le ar gyfer brenhinoedd...Neu ai dyma pam dwi yma? Brenin ar gyfer Brenin?

Brenin y coed, yr Olewydden, i groeshoelio Brenin yr Iddewon?

Rwyt tithau hefyd wedi dy arteithio. Dy glwyfau heb eu golchi a'th ysblander ar goll yn dy noethni. Roeddet ti'n brydferth unwaith yn doeddet? Roeddwn innau hefyd. Ond dim ond cyrff clwyfedig ydan ni bellach a'th waed yn llifo dros y ddau ohonom. Fedri di ein hachub? Ma nhw'n gweiddi arnat i achub dy hun. Pwy wyt ti...?

Mi wyt ti'n fwy na Brenin yn dwyt..."

Lilium Candidum

"O stopia, ti'n yng ngoglais i!...O paid!..O plîs stopia!!.....O! Gad fi fod am ddau funud. Be sy mater arnat ti? Ro'n i'n ddigon cyfforddus tan i ti ddechre chware... A rŵan ma'r haul allan, yn trio nhemtio i. Does na ddim llonydd i'w gael nac oes."

"Drycha ti di deffro'r lleill rŵan hefyd." Fedra i glywed nhw'n chwerthin ac yn bygwth bob yn ail! O leia nid fi oedd yr unig un i gael ei deffro...a mae'n braf cael ymestyn ychydig. Mae'n hyfryd ac yn glyd yma, ond dwi'n teimlo'n eitha' anhyblyg ar ôl cyhyd. Does na fawr o le i droi yma mewn gwirionedd, er dwi'm yn grwgnach. Mae'n braf ac yn gynnes...ac yn saff, ac yn gartrefol, a... Drapia mod i wedi cael fy aflonyddu. Roeddwn i'n ddigon hapus fy myd.

Dwi'n gyfforddus yma, yn nabod y lle'n iawn. Falle os y cogia i mod i wedi mynd yn ôl i gysgu fe aiff cyn bo hir, a'r haul hefyd... Mae o'n mynd yn barod - ma'r chwerthin wedi distewi...tybed be ma'r lleill yn i neud. Run fath a fi siŵr o fod. Pam lai?... Mae'n braf a chysurus yma.

PWY sy'n chwerthin rŵan. Di o ddim yn ôl gobeithio a finne'n trio cysgu. Mae o'n niwsans, yn cyffroi pawb a neb yn medru setlo wedyn.
"O byddwch ddistaw. Arhoswch lle 'da chi, dim ond chwarae mae o. Fydd o di mynd eto mewn munud. Anwybyddwch o....a fydd yr haul wedi mynd eto cyn hir hefyd." Chydig o oriau a fydd pob dim fel oedd o gynt – yn dawel ac yn llonydd,
...dyna well...mmm, cyfle i gysgu eto....

...Y! Be, pwy,...

...o dim ond breuddwyd. Pam bod o wedi dod a chyffroi pawb, fedra i'm cysgu'n iawn rwan. Roedd hi'n heddychlon yma cyn iddo fo ddod. Fe'i clywais o unwaith neu ddwy dros y misoedd diwethaf, yn rhuo a chwyrlio yn ei ddawns breifat ei hun. A dwi'n cofio un noson iddo fo gydio ynof fel petawn i'n bartnar yn ei ddawns wyllt. Siŵr i fod o wedi bod yma sawl gwaith arall ond bo fi wedi cysgu drwy'r lleill - tan heddiw. Ond roedd heddiw ganwaith gwaeth na'r noson honno. Y dawnsio ysgafndroed, y cyffyrddiadau chwareus, y chwerthin, y goglais...a rŵan mae o'n profocio fy mreuddwydion. Drapia fo a'i ddawnsio direidus.

Does na ddim llonydd i gael yma. Mae o nôl eto... ac mae na gynnwrf uwch fy mhen. Be sy'n digwydd? Ma pawb ar bigau'r drain, ond dwi ddim am edrych. Pam na all popeth aros fel ma nhw. Dwi di cal llond bol ar i ddawnsio fo, ac ar y chwerthin. Pam na wnaiff pawb ei anwybyddu o? Pam fydde rhywun isio gadael lle mor gysurus a braf? Does dim synnwyr yn y peth. Ydi mae braidd yn rhy glyd weithiau, ond pa ots? Pam wnaiff pethau ddim aros yn union fel y mae nhw?

Ma rhywun yn dal i chwerthin, ac mae'n ddyddiau ers iddo fo fod yma. Be sy'n bod arni? Sut all rhywbeth fod yn fwy pleserus na bod yma? ... Er fedra i'm cysgu cystal. Siŵr mai hi'n chwerthin ydi'r drafferth... ...Er mae'n gynnes yma hefyd, bron rhy gynnes. A dwi'n fwy a mwy anhyblyg y dyddiau yma. Siawns nad ydw i'n dechrau crefu am fwy o le ac awyr iach? O be sy'n digwydd i mi? Fis yn ôl, ro'n i'n hapus fy myd. Yn fy myd bach fy hun-yn fy nghynefin...ac eto, oes na rywbeth gwell? Oes na fwy?...Be sydd ganddi? Be sy'n wahanol? Mae na rywbeth? Yn does?

Mi edrychaf...na wnaf....gwnaf...beth os na fedra i droi yn ôl? O be ddylwn i neud? Sut fydda i'n gwybod heb fentro? Mae na gynnwrf o ngwmpas...cyffro, ofn, anturio, cuddio....falle nad fi ydi'r unig un....Na, fe arhosa i yma am dipyn hirach a gwrando ar y lleill....ie dyna'r gore.

Ma'r holl le yn chwerthin...ac yn dawnsio... Be sy'n digwydd? Ai fi ydi'r unig un sy dal yma? Pam na fedra i fentro? Ddylwn i fentro? Ai rhyw dric ydi'r cyfan? Ai breuddwyd? O be ddylwn i neud? BE DDYLWN I NEUD?

Mae'n gynnes braf yma, ac yn ddistawach rywsut. Mae na chwerthin yn y gwynt, ond yn llai heintus. Mae na heddwch a chysur ynddo hefyd na fedra i ddeall. Efallai ei bod hi'n saff i edrych rŵan. Ie, dwi'n siŵr fedra i gael cip-olwg a diflannu'n ôl yma wedyn. Ie fydde cip-olwg yn braf, ac mae'r haul yn danbaid... Ie dyma'r amser...

... o ma ymestyn fel hyn mor braf...diar dwi'n fwy anghyblyg nag oeddwn i wedi sylweddoli... ac mae'n ddisglair uwch fy mhen. Fedra i edrych? O na, falle ddylwn i gau fy llygaid... ydi hyn i gyd yn syniad gwallgof? Ac eto, ma'r awel yn braf, yn dawnsio ar fy ngrudd. Yn fy nenu, a'm

hanwesu wrth i mi ymestyn. Ac mae'r haul yn gynnes, ac yn... yn... aur...
ac yn felyn... a goleuni. Goleuni yn bob man...
... lliwiau... amryliw, tryloyw, tywyll...
... gwyrdd?! Emrallt yn toddi yn enfys o wyrddni.... a... glas... yn
obennydd yn ymestyn drosof...yn diflannu i'r gorwelion...O, a gwyn, mor
bur, mor hardd...mor berffaith... FI?!?...ond dwi'n wyrdd. Yn wyrdd di-
liw. Yn ddim...Sut?!? Ond...dwi'n... dwi'n wyn... yn ddisglair... dwi'n
brydferth... fi... ie fi...

Mae na wên yn mhob man. Gwên o groeso. Gwên o ddealltwriaeth. Gwên
sy'n chwerthin gyda mi... A gan rai uwch fy mhen sy'n plygu tuag ataf â
dafnau o law ar eu petalau - gwên galanogol. Mae na wên ym mhob man.

Cip-olwg!?! Mae'n fis a mwy ers i mi fentro yma a dwi newydd gofio am
fy nghartref. Oedd, mi oedd hi'n gysurus a chlyd yno. Oedd mi roedd hi'n
fwy diogel yno weithiau, yn enwedig pan fo'r gwynt yn chwythu a'r glaw
yn pistyllio. Dwi'n fwy bregus heddiw. Yn dangos creithiau bywyd yma,
heb gymaint o amddiffynfa. Ond dwi'n BYW....dwi'n byw....a dwi'n
brydferth. Ac mae na wên yma bob amser. Gwên na aiff i unman am ei
bod hi wedi'i hysgrythu ar fy nghalon.

Ymddiried

Mae'n debyg ein bod ni gyd o bryd i'w gilydd yn breuddwydio am newid rhywbeth yn ein bywydau, ond sawl un ohonom sy'n fodlon mentro pan gawn ni'r cyfle?

Fe all Cristnogaeth fod yr un fath. Ystyriwch y cam hynny sy'n rhan hanfodol ohono - i gredu ac ymddiried yn Nuw. Fe allwn ddysgu bob dim am y ffydd Gristnogol. Fe allwn fynychu gwasanaethau a chyfarfodydd gweddi, ac efallai gallwn esbonio'r Newyddion Da i unrhyw un. Ac er gwaethaf hyn oll, fe allwn fyw heb fentro i gredu ac ymddiried yn Nuw na phrofi y gwir fywyd Cristnogol.

Ar y llaw arall, y mae'n bosibl i fod yn Gristion, ac i fethu ar rai pethau sydd gan Dduw i'w roi, am nad ydym yn fodlon ymddiried ynddo ymhob agwedd o'n bywydau. Ar un olwg fe all hyn swnio'n od. Os ydym yn fodlon ac yn barod i ymddiried ynddo i achub ein heinioes, pam na allwn ymddiried ynddo yn y sefyllfaoedd llai pwysig mewn bywyd? Y gwir ydi, mae Duw am i ni rannu ein gofidiau a'n problemau – a'n llawenydd gydag Ef. Wedi'r cwbl dyna fel y dylai hi fod pan mewn perthynas.

Mae'n werth cofio ei fod Ef yn addo bod gyda ni wrth i ni ymddiried ynddo:
"Ac yn awr, yr wyf fi gyda chwi yn wastad hyd ddiwedd amser" (Matthew 28 adn 20). Dydi o ddim yn addo bywyd hawdd. Yn wir, os ystyriwn fywydau ei ddisgyblion fe gafodd sawl un ohonynt eu lladd oherwydd eu ffydd. Ond y mae'n addo bywyd yn ei gyflawnder drwy farwolaeth ac atgyfodiad Ei fab Iesu Grist.

Ystyriwch y lili. Cyn iddi agor does fawr i'w weld. Y mae'i harddwch wedi'i guddio. Ond wrth iddi agor, fe welwn ei phrydferthwch. Ydi, mae'n fwy archolladwy wedi iddi agor. Ond ar y llaw arall pan grëodd Duw y lili, nid ei gynllun Ef oedd iddi aros wedi'i chau. I'r gwrthwyneb, roedd am iddi agor a chael ei hedmygu a'i gweld. Yn wir, fe soniodd Iesu am ei phrydferthwch:
"Ystyriwch y lili, pa fodd y maent yn tyfu: nid ydynt yn llafurio nac yn nyddu; ond rwy'n dweud wrthych, nid oes gan hyd yn oed Solomon yn ei holl ogoniant wisg i'w chymharu ag un o'r rhain" (Luc 12 adn27).
Fe fu Solomon ei hun yn sôn am ei phrydferthwch hefyd.

Mae'n wir fod y lili yn medru bodoli ar y ddaear cyhyd, heb i'w phetalau agor. Yn yr un ffordd fe allwn ni fyw ar y ddaear heb fod mewn perthynas â Duw. Ond drwy wneud hynny rydym yn colli allan ar y bywyd y mae Duw wedi'i gynllunio ar ein cyfer. Bywyd gydag Ef. Os hoffwn gael yr hyder i ymddiried yn Nuw yn llwyr, dim ond troi ato mewn gweddi sy'n rhaid i ni.

Fel y lili hefyd, y mae Duw yn addo ein trawsffurfio pan benderfynwn ymddiried yno am y tro cyntaf ond nid drwy newid ein personoliaeth. Yn hytrach:

"Fe'ch dysgwyd eich bod i roi heibio'r hen natur ddynol oedd yn perthyn i'ch ymarweddiad gynt ac sy'n cael ei llygru gan chwantau twyllodrus, a'ch bod i gael eich adnewyddu mewn ysbryd a meddwl, a gwisgo amdanoch y natur ddynol newydd sydd wedi ei chreu ar ddelw Duw, yn y cyfiawnder a'r sancteiddrwydd sy'n gweddu i'r gwirionedd" (Effesiaid 4 adn 22-24). Drwy farwolaeth ac atgyfodiad Iesu Grist, yn aberth pur a di-euog, y mae Duw yn addo ein trawsffurfio.

"Felly, os yw rhywun yng Nghrist, y mae'n greadigaeth newydd; aeth yr hen heibio, y mae'r newydd yma" (2 Corinthiaid 5 adn 17). Ac felly fel y lili enwog honno Lilium Candidum neu'r Madonna Lily, fe allwn ninnau hefyd gael ein trawsffurfio a dod yn bobl brydferth, pur, perffaith yng ngolwg Duw. Dydi hynny ddim yn golygu fod Cristnogion yn berffaith. I'r gwrthwyneb, ryda ni'n dal i bechu. Ond y mae Duw yn cychwyn y gwaith o drawsffurfio Ei bobl, a gaiff ei gwblhau yn y Nefoedd:

"Ac yr ydym ni i gyd, heb orchudd ar ein hwyneb, yn edrych, fel mewn drych, ar ogoniant yr Arglwydd ac yn cael ein trawsffurfio o ogoniant i ogoniant, yn wir lun ohono ef. A gwaith yr Arglwydd, yr Ysbryd, yw hyn" (2 Corinthiaid 3 adn 18).

"Bydd ef yn gweddnewid ein corff iselwael ni ac yn ei wneud yn unffurf â'i gorff gogoneddus ef, trwy'r nerth sydd yn ei alluogi i ddwyn pob peth dan ei awdurdod" (Philipiaid 3 adn 21).

Gweddi:

O Dduw helpa fi i fedru credu ac ymddiried yn llwyr ynot Ti. Rwyt ti'n gwybod os oes gennyf berthynas â Thi ac i ba raddau yr wyf yn ymddiried ynot. Datgela i mi y math o fywyd yr wyt Ti am i mi ei fyw. Yn Enw Iesu Grist dy Fab, Amen.

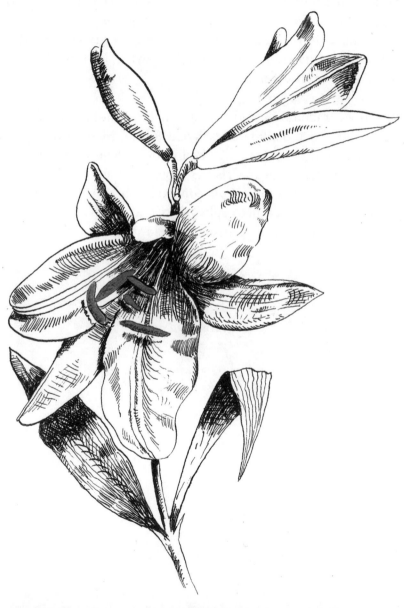

Mentro

Os ydych wedi penderfynu i gymryd y cam i gredu yn Nuw a dod yn Gristion fe allwch ddweud gweddi syml fel hon:

'O Dduw, mae'n ddrwg gen i nad ydw i wedi ceisio byw dy ffordd Di yn y gorffennol. Diolch Iesu am farw ar y groes er fy mwyn. Diolch O Dduw am anfon dy unig Fab yn aberth er fy mwyn i. Tyrd i mewn i'm bywyd a helpa fi i fyw bywyd fel yr wyt ti am i mi ei fyw. Yn Enw Iesu Grist. Amen'

Os ydych wedi medru dweud y weddi hon, mae'n fan cychwyn i chi ar eich pererindod neu daith neu berthynas â Iesu. Mae'n bwysig eich bod yn rhannu gyda rhywun arall eich bod wedi gwneud y penderfyniad yma i ddilyn Iesu Grist, o bosibl Cristion a fydd yn medru eich helpu ar eich taith newydd. Os nad ydych yn adnabod neb sy'n Gristion, beth am ystyried mynd i gapel neu eglwys leol a gofyn am siarad gyda'r gweinidog. Neu ewch ar fy ngwefan i weld ffyrdd eraill o rannu a thyfu yn eich ffydd newydd:

www.awenau.co.uk

[1] Yn ôl *'The One Year Chronological Bible New Living Translation'. (2000) Tyndale House Publishers.*

[2] **Life Application Study Bible**. New King James Version. Tyndale House Publishers

[3] The One Year Chronological Bible. New Living Translation